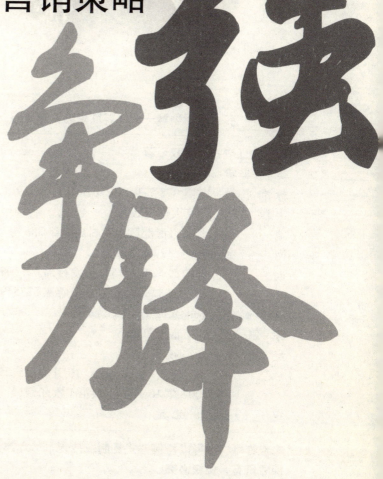

以弱胜强的营销策略

李政权 ◎ 著

北京大学出版社
PEKING UNIVERSITY PRESS

图书在版编目（CIP）数据

与强争锋：以弱胜强的营销策略/李政权著. —北京：北京大学出版社，2007.10

ISBN 978-7-301-12767-4

Ⅰ. 与… Ⅱ. 李… Ⅲ. 中小企业—市场营销学—研究—中国 Ⅳ. F279.243

中国版本图书馆 CIP 数据核字（2007）第 149042 号

书　　　　名：	与强争锋——以弱胜强的营销策略
著作责任者：	李政权　著
责 任 编 辑：	冯　寻
标 准 书 号：	ISBN 978-7-301-12767-4/F·1719
出 版 发 行：	北京大学出版社
地　　　　址：	北京市海淀区中关村成府路 205 号　100871
网　　　　址：	http://www.pup.cn
电　　　　话：	邮购部 62752015　发行部 62750672
	编辑部 82893506　出版部 62754962
电 子 邮 箱：	tbcbooks@vip.163.com
印 刷 者：	北京富生印刷厂
经 销 者：	新华书店
	787 毫米×1092 毫米　16 开本　15.25 印张　200 千字
	2007 年 10 月第 1 版第 1 次印刷
定　　　　价：	39.00 元

未经许可，不得以任何方式复制或抄袭本书之部分或全部内容。

版权所有，侵权必究

举报电话：010－62752024；电子邮箱：fd@pup.pku.edu.cn

前言 弱者崛起的关键一环：强弱互换 / 1

第一章 产品：跟风、跟随、创新

▶1. 回归产品本身 / 3

到现在，中国市场仍然被不少人视为机会市场。但问题是我们发现了机会，却不一定就能抓住机会；抓住了机会，也不一定就能运用好机会。在这种情况下，企业要确保自己抓住的是最佳机会，就必须改变自己的产品观。

一场胜率太低的赌博 / 3
找到最佳机会 / 6
需要改变的四大产品观 / 8

▶2. 跟风还是聪明地跟进 / 12

对广大中小企业而言，适时跟进，小则捞一笔就走，还能储备一定的资源及能力；大则可能变跟风为超越，使自己成为某个品类市场名列前茅的领先者。当然，这只是乐观的情况。在我们的身边，跟风失败的案例实在是不胜枚举。那些失败者能给我们带来怎样的启示？要如何跟风才能成功呢？

跟风成功的五大定律 / 12
跟风、跟随之辩 / 16

▶3. 创造领先机会的跟随策略 / 17

我们通过研究发现：那些创新产品、开辟市场新领域的企业，有许多都被它们身后的后进者、跟随者所超越。不过，要将人心的振奋转变成现实的胜利，往往取决于我们采用了怎样的跟随策略。

"盗版"打败"原创" / 17
如何从跟随到被跟 / 18
如何从跟随者变成领先者 / 21

▶4. 掀开产品创新的天花板 / 24

企业产品的创新乏术，似乎在说明：产品创新也触到了天花板！真的是这样吗？我的答案是"否"！在本节内容中，我们将看到一些开展产品创新的简单而有效的路数。

红色撕裂带的启示 / 24
利用消费者的忌讳 / 25
相对成熟的产品衍生出产品伴侣 / 26
改变产品的物理形态 / 26
多种产品功能的嫁接与拆分 / 27
以补缺开展产品创新 / 28

▶5. 在细分的市场筑道墙 / 29

将一块原本有难以计数的对手抢夺、瓜分的奶酪，区隔出只有自己或少数几个对手所能独享的部分，是广大弱势品牌避开强敌、获得生存土壤和成长机会的重要手段。但没有猫是不吃腥的。当你苦心孤诣培育的市场开始飘散出诱人的芬芳的时候，就会引来大量争香的蜂蝶。企业如何才能在自己花了大力气培育的市场形成区隔，以获得相对安全的成长环境呢？

唐僧脚下的圈 / 29
执行系统的差异化 / 32

第二章　渠道：冲破阻挠，与经销商比翼齐飞

▶1. 提升经销商的分销积极性 / 39

经销商铺货不积极；经销商对新品推广不重视；经销商忽视新市场开发和对薄弱市场的提升；经销商在终端的维护、陈列质量的改善及促销上舍不得投入，执行力得不到保障……诸如此类的问题，让每家企业都很头疼。我们怎样才能提升经销商的分销意识和积极性呢？

经销商为何不积极 / 39
如何让经销商积极起来 / 41
用销售政策管理经销商的积极性 / 45

▶2. 突破对手的封锁 / 53

当市场弱者们想要进入市场、分一杯羹的时候，总会发现商场、超市里面的黄金陈列位早被强大的对手所占据，而有些街头小店甚至也和强敌们签订了专卖协议、有奖陈列协议。面对强敌在渠道上的层层封锁，弱者们的突破之道在哪里？

从对手的薄弱环节下手 / 53
自己动手，丰衣足食 / 55
借力打力，顺势突破 / 58

▶3. 谈好与分销商的"恋爱" / 61

企业与分销商的关系，就像一场永不谢幕的恋爱。对广大中小企业而言，与分销商谈好"恋爱"是一件并不容易做到的事。因为中小企业的资金实力不足会导致市场支持力度不够，品牌价值薄弱导致销售拉动力欠缺，在资源掌控上的短板使自己在"恋爱"中处于弱势地位。如何才能改变这种不利的局面呢？

遇人不淑的遭遇 / 61

选择更合适的招商模式 / 63

对分销商的激励与监管 / 66

▶4. 有效提高渠道的反应能力 / 71

我们和任何经销商打交道，都会在事先划出一个圈，比如什么事能做，什么事不能做；什么事可以支持，什么事不会支持，等等。只要经销商不跳出这个圈子，它们在里面想怎么跳就怎么跳，只要跳好就行了。可问题是，许多经销商常常因为在反应能力上出了问题，不是跳不好，就是跳出了圈。

渠道要高效，反应能力要提高 / 71

为自己找到反应能力更好的经销商 / 73

让自己成为一个开明的上游厂商 / 74

用服务和管理提高渠道反应能力 / 75

第三章 区域市场：建设"根据地"，星火可以燎原

▶1. 成为区域市场的强者 / 79

通过研究众多的强者的案例，我们会发现一个普遍的现象：先成为区域市场的强者，是弱者们由生存到发展、由发展到壮大的一个重要过程。可是，我们如何才

能成为区域市场的强者呢?

做全国市场的误区 / 79

果敢地下达撤退的命令 / 81

成为一方诸侯的"七板斧" / 82

▶2. 完成拔高后的销售目标 / 87

　　企业拔高了销售指标,并不一定就能顺利完成。其中的原因,除了指标定得不合理、资源配置不到位等之外,还有许多因素在影响着我们。而这些因素,反过来也正是帮助我们完成既定销售指标的有力武器。

向谁要销量 / 87

如何分解销售任务 / 92

▶3. 找到压货"喂多"之后的消化道 / 95

　　通过压货,抢占经销商的资金、仓储资源的目的达到了,公司的阶段性销售指标也实现了,可是,压货之后呢?

整合渠道链,早做疏通 / 95

跳出协销做协销 / 97

激励二级批发商 / 98

▶4. 进军规模市场 / 100

　　"下一步,我们要突破区域市场走向全国,成为全国性的品牌。"我们经常听见这样的话。我也相信,没有几个区域性品牌不想进入规模市场、成为全国性品牌。但是,在宏伟目标的背后,往往隐藏着不平凡的过程。

进军全国性品牌失败的背后 / 100

成功进入规模市场的六要件 / 102

▶5. 获得新的销售增长点 / 105

  新的销售增长点主要蕴藏在什么地方,我们如何才能洞察到这些增长点?

A 品牌的销售增长计划 / 105
九个基本的销售增长点 / 108
如何找到更适合自己的新销售增长点 / 110

▶6. 成熟市场保鲜术 / 113

  成熟、稳定的市场出现销量下滑的态势,是每个企业都不想遇到却偏偏又会遇到的问题。那么,当市场出现这种现象时,企业应该采取什么样的挽救行动呢?

成熟市场销量下滑的原因 / 113
找准病因,对症下药 / 115
市场维护不力导致销量下滑的应对办法 / 117

▶7. 畅销品长销旺销的办法 / 121

  畅销品往往就是一个企业的拳头产品,是一个企业在市场中拼杀的主要力量。对不能培育出畅销品的企业来说,等待它的结局只有一个——死亡;对那些已经培育出畅销品的企业,其所面临的挑战也并不轻松。

畅销品的困局 / 121
让老产品重获新生 / 123
砍掉一些抢奶吃的产品 / 126
建立一个更有秩序的销售环境 / 127

第四章 竞争：扬己之长，攻敌之短

▶1. 塑造局部竞争优势 / 131

　　横亘在我们面前的对手纵使再强大，它们都会有薄弱之处；我们即使再弱小，也能通过塑造自己的局部竞争优势获得生存和发展的空间，并在与对手的周旋中，拥有进一步强势崛起的可能。

局部竞争优势的来源 / 131
品类领先的战略 / 132
踢开妨碍领先的绊脚石 / 135

▶2. 将竞争优势发挥到极致 / 139

　　广大的中小企业在起步与发展的初期，树立自己在某方面的优势并发挥这些优势，往往都胜过补短。话说回来，放着现有的优势你不发挥，还能发挥什么呢？

木桶理论将导致危机 / 139
找准你的优势 / 141
有效发挥优势的技巧 / 142

▶3. 将竞争劣势转化为竞争优势 / 146

　　几乎每一个市场弱者都在思考着如何化劣势为优势。事实上，劣势、优势，就像强弱可以互换一般，也是可以发生相互转换的。

匕首和长矛谁厉害 / 146
淡化劣势的策略 / 147
扭转劣势的策略 / 149

▶4. 有效攻击对手的弱点 / 151

在"五谷道场"身后,已经涌现出了一大批的跟风者,它们正在共同做大非油炸食品的市场,蚕食康师傅、统一等老牌巨头的油炸方便面市场。它们凭什么?凭的就是抓住并有效攻击了强大对手的弱点。

攻击对手品牌形象上的弱点 / 152
攻击对手物流渠道上的弱点 / 153
攻击对手服务上的弱点 / 155
攻击对手促销及宣传上的弱点 / 156

▶5. 用足对手犯错的机会 / 159

在营销的战场上,我们也希望自己的强敌能多犯点错。可是,难道我们就只能眼巴巴地等着对手犯错吗?如果对手犯错了,我们就只是待在一旁抿着嘴看热闹吗?

强者的灰暗日 / 159
把对手往歪路上推一把 / 161
对手的危机就是我们的契机 / 164

▶6. 预见对手的行动 / 168

俗话说"知己知彼,百战不殆",俗话又说"不打无准备之仗",显而易见的是,提前探知和了解对手的下一步计划,将会大大提高自己的胜算。可是,怎样才能预见自己对手的行动呢?

骑在巨人的头上打巨人 / 168
真的需要打入敌人内部吗 / 172
要做事前诸葛亮 / 174
为预见对手的行为提供组织保障 / 176

第五章 传播：低成本运作收奇效

▶1. 让自己快起来 / 181

"船小好掉头""快鱼吃慢鱼"……几乎所有的市场弱者，都知道灵活、速度之于自己的重要性。但是，到底如何才能让自己快起来，如何在快速中保证自身的安全，却并不是每个人都清楚的。

创新者的经典难题 / 181
保持产品的领先 / 183
更快地形成规模市场 / 184
比对手做出更快的市场反应 / 187
用良好的管理机制确保速度 / 191

▶2. 找到低成本炒作的秘诀 / 195

有句歌词唱得好："没有枪，没有炮，敌人给我们造。"造势与借势正是弱者崛起的重要法则之一。说得更通俗一点，就是要掌握好炒作这门学问，让自己成为一次次市场炒作事件中的主角，哪怕是没钱、没势也能做到街闻巷知。

为对手设圈套 / 196
由旁观者变成参与者 / 198
炒作的秘诀 / 199
炒作是为了"加分" / 202

▶3. 事件营销的本质 / 204

事件营销正是我们实现低成本炒作、低成本市场运作的重要途径。但是，这样的途径并没有得到广大中小企业的有效运用。没有认识到事件营销的本质，应用不得法是其中的主要原因。

奥克斯的事件营销经验 / 204
事件营销都揭露了什么 / 207
事件营销背后的问题 / 208

▶4. 网络营销的有效运用之法 / 210

在比尔·盖茨通过他的软件统治这个世界之后,网络开始成为这个世界新的主宰。对那些还徘徊在网络营销之外的企业来说,现在正是到了加入进来,分享网络营销盛宴的时候了。

网络媒体的活跃 / 210
公关促销的新媒介 / 214
实现深度分销的途径 / 218
建立客户忠诚度的工具 / 221

后记:一直在路上 / 224

前 言

弱者崛起的关键一环：强弱互换

> 利用本就存在的强弱互换的趋势，或者是主动创造强弱互换的机会，是弱者一方走向崛起、赢得最终胜利的关键一环。

恐龙的灭绝

在两亿多年前的爬行动物时代，恐龙是爬行动物中体格最大的一类，这些庞然大物在之后的上亿年时间里统治着整个地球。但是，就在6500万年前，地球的统治者们似乎就在"一夜之间"消失了。

关于恐龙的灭绝原因有很多版本。其中一种比较主流的说法是：一颗直径7~10公里的小行星撞击地球并引起大爆炸，导致遮天蔽日的尘雾阻碍了植物的光合作用，又冷又饿的恐龙因此走向了灭绝；也有的说是因为地球气温大幅下降而使大气含氧量降低，导致恐龙缺氧而死；还有的说是因为一种没有天敌的小型动物爱吃恐龙蛋，最后把恐龙蛋都吃光了……

但不论是何种原因，摆在我们面前只有一个事实：恐龙从地球上消失了。这说明那些貌似"不可战胜"的强者，其实都存在着弱点甚至是致命的"死穴"。恐龙太大了，它一些固有的东西总会妨碍它的进化，反而是一些微小生物更能"适者生存"，并向更高级、更强大进化。换句话讲，正是这种强弱互换，为那些被强者压制的弱者们提供了崛起的机会。

这样的道理拿到企业界、营销界一样说得通，强弱互换的事例比比皆是。

抓住强弱互换的机会

事实上，面对可能出现的强弱互换的局面，作为弱者的中小企业必须要抓住机会，才能走向崛起。

面对统治中国洗发水市场的宝洁系列品牌——飘柔、潘婷、海飞丝，丝宝集团将舒蕾作为自己的突破口，凭借自己灵活但到位的执行、快速而扎实的终端拦截，硬是把终端营销做成了自己的强项，从而突破了宝洁等强敌的封锁，让丝宝由一个小企业成长为中国化妆品业的一位巨子。

在感冒药市场的王者——康泰克陷入那次著名的"PPA"危机之后，白加黑、泰诺等品牌抓住了强者犯错的机会，迅速发展壮大起来。

五谷道场方便面，通过"非油炸，更健康"的区隔定位及其一系列的营销措施，有效攻击了康师傅、统一等油炸方便面品牌的弱点，打破了它们一统天下的格局，并通过在非油炸方便面领域的强弱互换，实现了崛起。

养生堂在推出"有点甜"的农夫山泉时，正是娃哈哈等纯净水称霸市场的时候。但农夫山泉通过炒作"天然水"的概念而将水市场的"奶酪"一分为二；通过挑起"天然水和纯净水谁更健康"的激烈争论，为企业赢得了发展壮大的机会。

卡西欧仅仅用了五六年的时间，就将夏普从电子计算器市场领导品牌的宝座上拉了下来，它的秘诀就是速度——在推新品、提产量、降价格的速度上，都要比夏普快一倍，从而实现了卡西欧和夏普的强弱互换。

所有这些熟悉的或不熟悉的事例，都在印证一个道理：弱者要崛起，就必须善于创造与利用强弱互换的机会。

在崛起的道路上

弱者的崛起之路，就是抓住一个又一个强弱互换机会的征程。

在这样的征程当中，"非油炸"的五谷道场、"防上火"的王老吉所依仗的是市场细分与定位区隔；非常可乐、波导手机所依仗的是渠道；格兰仕微波炉抗拒日韩品牌所依仗的是价格；奥克斯能够在强手如林的空调市场异军突起，依仗的则是事件营销……诸如此类，皆可成为我们弱者的武器。

执行关成败，策略定生死！因此，在寻求崛起的道路上，如何正确谋定和运用那些能够创造并实现强弱互换机会的策略，如何由点及面构建崛起的系统，正是所有中小企业的老板及其营销管理者们首先应该考虑的东西。

这就是本书即将为你呈现的内容——首先是策略，然后是方法与执行。

李政权

2007年9月

第一章 产品：跟风、跟随、创新

1. 回归产品本身
2. 跟风还是聪明地跟进
3. 创造领先机会的跟随策略
4. 掀开产品创新的天花板
5. 在细分的市场筑道墙

回归产品本身

在上个世纪的80年代到90年代中期,许多人在做产品时都是做一个成功一个。所以,直到现在,中国市场还被不少人视为机会市场。

我们很难评价这种认识的对与错。但我们都应该清晰地看到,中国市场数得出来的行业都已经或正在进入完全竞争的时代,留给我们的机会,正在变得越来越少、越来越小。这也正是"蓝海战略"及里斯·特劳特的"定位论"等,能够迅速在国内营销界风靡开来的不可或缺的背景,也是本土营销人不断重复炒作"蓝海战略"及"定位论"的一个重要原因。

不过,有谁能保证自己就一定能抓住机会?又有谁能说自己不是乱枪打鸟呢?而且,即使你抓住了机会,一旦方向或执行有误,机会就完全可能变成让你连内裤也输掉的陷阱。

▋一场胜率太低的赌博

在酒类市场,低度酒的消费量日渐走高,多样化、个性化的消费需求逐渐呈现出来,再加上国家鼓励发展果露酒等一系列利好政策的引导,以及宁夏红枸杞酒获得成功的刺激,一家又一家的企业加入到了发展非葡萄酒类的果酒的行列。

曾经有一段时间，缺乏品牌的梅子酒成了果酒热门，被很多人视为机会。其中，江浙的酒厂是先行者，五粮液、北京丰收是强势介入的酒业大亨，其他的诸如四川、云南等地的酒厂也都是"咬定青山不放松"的生力军。最后的结果呢？谁都没有将自己的梅子酒做起来，当初涌入的绝大多数品牌现在都已经销声匿迹了。

原因何在？作为中国梅子酒业的见证者之一，我认为主要有这么几点：

第一，企业不是没实力就是缺乏足够的耐心去培育市场。

从"青梅煮酒论英雄"的典故，到民间用青梅、黄梅泡酒，再到低度果露酒的蓬勃发展与多样化健康饮酒的兴起……没错，这个产品是有市场需求的，但是有需求并不意味着就能够将这个产品给做起来。

其中一个非常现实的问题就是，市场是需要培育的。比如，葡萄酒之所以能火起来，离不开张裕的吆喝；枸杞酒能成为酒业当中的一朵奇葩，就不能忘了宁夏红的大力投入与倾力打造。而梅子酒呢？那些抓住所谓机会的企业，要么是没实力，要么就是缺乏足够的耐心和恒心去培育市场，以至于这个有着深厚历史底蕴的果酒品类到现在依然是"犹抱琵琶半遮面"。

还有一些企业，嘴上吹嘘自己刚刚和日本的商家签订了价值几百万美元的合同，实际上它连工资都发不出来，那不过是拿来做贷款、融资用的纸上富贵与道具。指望这些企业来培育、做大市场，不知道要等到猴年马月。

第二，被不少企业不恰当地做成了女性酒。

女性酒的概念被不少酒企宣扬了很多年。但是回头看看、想想，却找不到一个成功的女性酒品牌。究其原因，我认为有这么两个因素在发生关键性作用。

其一，主动饮酒少、被动饮酒多的饮酒习惯。况且商务、政务活动仍由男性主宰，女性喝酒的时候，多有男性在身边，单独叫瓶女性酒的几率是非常小的。其二，就是我们前面提到过的市场培育问题。

由此可见做女性酒的难度。但有一些企业偏偏就不信邪——认为梅子富含多种氨基酸，不但止渴生津，还能美容养颜，就以为自己抓住了市场缺乏女性酒品牌的机会，从瓶型、诉求等方面急匆匆地就往女性酒方面靠。结果可想而知——企业本来就缺乏资金实力，这一番误入歧途的折腾，连老本都贴进去了。

第三，不适合做中高档，却被做成了中高档。

曾有一家酒企的朋友找到了我，说他们想推一种中高档的梅子酒，问我可行不可行，遭到了我的极力反对。

我为什么要反对他？因为，如果定位在了中高档，就意味着他们必须花大力气在商务、政务用酒市场开展市场培育工作，就意味着他们必须用相对高昂的代价去撬开壁垒森严、成本很高的中高档餐饮渠道，就意味着作为弱势品牌的他们要与茅台、五粮液、剑南春等强势白酒品牌以及一些强势红酒品牌，发生更激烈的正面冲突。可他们没这样的实力，缺乏能力和资源。再看看当时梅子酒市场的状况，绝大多数企业也都和他们类似，属于实力有限的中小企业，主流产品也都是25～120元的中高档梅子酒。但是这些主流产品的销量均徘徊不前，他们又何苦去蹚这趟浑水。

所以，我们需要抛弃诸如"没有做不到，只有想不到"的老论调，现实的情况往往就是：想到了，但是做不到。我们不仅要想到做什么产品，同时还得与我们自身的能力相匹配。

通过回顾梅子酒市场，我们不难看出：过多地迷信所谓的机会而忽略其他，在现实的市场环境下，就是一场胜率很低的赌博。

机会不能放过，又要提高胜率，我们该如何做呢？

■ 找到最佳机会

我们常说"机会只给有准备的人"，还常说"机会与挑战并存"。因此，我们要提高产品的成功率，就必须做好迎接挑战的准备，就必须回到产品本身。

曾经有家新兴的保健品企业，看中了病后康复领域需求庞大、竞争品牌稀少所带来的机会，企图通过进入病后康复市场一飞冲天。但是这家企业的梦想后来却胎死腹中。原因很简单——比它快半步的哈慈集团以强势姿态进入也没有获得成功。而不论是人力资源、资金实力，还是渠道等方面，这家企业都远远弱于哈慈，那又如何确保自己的胜率比哈慈高？又如何确保自己的投入不是在打水漂？

在高清等离子电视刚刚在市场抬头的时候，上海一家专门为知名家电厂商做贴牌的企业的老总，也曾想抓住这个机会，推出自有品牌的高清等离子电视。但一度非常亢奋的他最终还是放弃了这个想法。因为电视机行业的竞争太激烈、对手太强大，而且市场运作成本也不是他两三千万元的原始积累所能轻易承担的。

这些事例都告诉我们什么呢？机会，对那些市场敏感度高的有心人来说有很多。但是发现机会，并不代表自己一定就能抓住机会，并不代表自己所抓住的机会一定就是最适宜、最佳的机会。

正是因为如此，我们才看到了以下的遗憾：找到了拥有不小市场需求的产品机会，却因为竞争对手太多、太强大而失败的事例；找到了竞争对手少、竞争强度弱的产品机会，却因为市场需求空间非常有限而失败的事例；找到了有需求、竞争小的产品机会，却因为无法承受市场运作投入而失败的事例。

那么，什么才是最佳的机会呢？如图1-1所示，我们需要从需求、竞争、资源三者之间互相匹配、互相适应的对接地带去寻找最佳机会——竞争强度相对较弱，能让自己生存和发展下去的需求空间；拥有一定需求，对手间的对抗激烈度相对缓和的竞争空间；能满足或引导需求，可以应对竞争的资源空间。

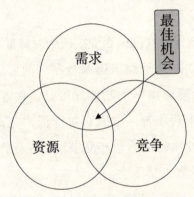

图1-1 找准最佳机会

不过，在找准机会，适时推出某个具体产品的时候，我们还必须注意以下几点：

一是需求及竞争都是多层次、多样化的；

二是尽管市场可能呈现竞争强度相对较小的特点，但市场培育成本在通常的情况下却有可能比较高；

三是并非所有的产品领域都是竞争越小越好，有人在前面开路、培育市场，有时也是一个机遇、一件幸事。

■ 需要改变的四大产品观

光是找到最佳的机会还不行,最终是要实现这些机会。对许多企业尤其是广大中小企业而言,这可能牵涉到一些产品观的改变。

第一,先有产品再有市场。

这是个什么概念呢？基本就是：市场研究在后,产品研制在前。一些企业的产品研发部门,不搞市场调研、不咨询市场人员的意见,几个人整天神经兮兮地窝在实验室里搞研究,弄出个产品就以为是宝贝。

比如,有家做保健食品的企业搞出个对降低"三高"有益的速溶茶,于是就兴冲冲地跑去国家食品药品监督管理局批了个"调节血脂,辅助降血压"的功能。可是,你说它是速溶茶吧,口感比咖啡甚至中药还苦；你说它对降低"三高"有益吧,对一个"国食健字号"的速溶茶产品来说,任凭你吹得天花乱坠,也没有正规药品来得有信服力。

只有在市场上碰得头破血流的时候,企业才会发现这些研发人员所谓的宝贝根本就没有竞争力。至于消费者的实际需求,企业从一开始就没有考虑到。这正是许多企业的真实写照。

更合理的产品观：
不管自己研制也好,购买别人的专利技术也罢,产品都应该是需求与竞争的结合。

要做到这点,我们就要把战斗在市场一线的市场营销人员甚至是经销商纳入到自己的产品研发体系中来,就要促使自己的产品研制人员向市场导向型的消费工程师转变。

第二，产品好，市场就好。

每一年都会有许多的新产品上市，但是据一些机构统计，每一年的新品成功率都不到1%。我们能将这个问题全部归咎于产品设计上的缺陷吗？不能！因为其中不少产品，都是所谓的好产品，好得让人信心百倍，许多企业都曾经以为：仅凭自己在产品上的特点与优势，就能无往不利，就能享受数钱数到手抽筋的快感。

对了，问题就在这里——我们太执著、太迷信于自己的产品优势，对眼前的市场缺乏足够的重视，对营销动作及投入准备不足，一旦市场受阻，就只会将责任一股脑地推给营销人员。

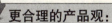**更合理的产品观：**

不要讥讽某某产品是早就"过时"了的褪黑素、某某产品的主要成分是大黄素，而应该想到的是：市场做得好的产品，不一定就是最好的产品。

既想产品好，又想市场好，我们就必须将产品纳入到完整的营销链中来，提前思考产品在价格体系上、渠道运作上、促销推广上、服务及公共关系上会遇到的难点，并制定出应对方案。

第三，产品研发上大投入，市场推广上勒紧裤腰带。

一些企业为了追求所谓的好产品，原料要用更优的，设备要用更好的，厂房要建成更现代化的，生产工艺也要精益求精的……可真正到了要打开市场的时候，才发现自己连在产品外观包装上做点小小的改进都拿不出钱来了——几乎所有的钱都已经花在了前端，企业还能有多少上阵打仗、开枪打鸟的"子弹"？或许正是因为如此，才会出现"厂子刚建好，企业就垮了"的现象。

更合理的产品观：

产品的研发投入仅仅是企业整个市场营销投入的一个相对靠前的组成部分，要想整个营销链条都能良好地运作，企业就要确保每个环节都有"润滑油"。

如果真是"弹药"不足，企业可以采取贴牌生产、委托加工的方式，而自己则专注于产品研发、品牌运营及市场运作等高附加值的环节，这或许是个更加不错的选择。

第四，产品功效好一点，包装就能差一点。

前段时间，有个做醒酒产品的企业的老总，给我们带来了他那"比海王金樽还好"的"宝贝"。这是个什么样的产品呢？预期中的零售价格是60元以上，但是从包装颜色上看，采用了红色作为主色调，这与醒酒类产品应该让人冷静、清醒的功效大相径庭；从整个外观设计上看，低劣得就像上世纪80年代的乡镇企业的产品。坐在这儿，我就能想象得到产品投入市场后的反应。可就是这样的包装，该企业一印就是10万套。

更合理的产品观：

要针对自己的目标消费人群，推出更有针对性、更有卖相的产品。要想做到这一点，企业就一定要结合消费者需要解决的问题、目标人群的消费价值观、经销商对产品外观的兴趣度等因素，重视自己的产品包装。

营销回归产品本身，就是要提高企业的产品力。除了产品创新、包装革命等因素之外，通常还需要我们做到七个"一"：

一个清晰的市场定位；

一个差异化的产品定位；

一个能转变为消费者买点的独特卖点；

一个展现消费者买点，刺激自然购买的包装；

一个与众不同的、能得到支撑的概念；

一套适宜的价格及利润体系；

一个比别人更快地升级、完善产品线规划的更新换代速度。

可以这样说，这七个"一"的集结程度越高，产品的竞争力就越强。

② 跟风还是聪明地跟进

说到跟风，不少善于开辟新领域的创新性企业或知名品牌都对之颇有微词。因为被它们寄予厚望的某些产品，在研发、市场培育等方面投入不菲成本之后，竟然被跟风者将市场秩序搅乱，并直接威胁到了自己的利益。所谓跟风，就是做事带有盲目性，哪里热闹就往哪里钻；而跟进则需要经营者对自己做出正确评估，在分析清楚自己的优劣势之后，对企业未来的走向做出判断，决定跟什么"风"。

对广大中小企业而言，适时跟进，小则捞一笔就走，还能储备一定的资源及能力；大则可能变跟风为超越，使自己成为某个品类市场名列前茅的领先者。当然，这只是乐观的情况。在我们的身边，跟风失败的案例实在是不胜枚举。那些失败者能给我们带来怎样的启示？要如何跟风才能成功呢？

■ 跟风成功的五大定律

对于那些强大的企业或品牌来说，它们跟风是最容易的，因为它们可以用强大的资源及能力弥补自身的短处，迅速建立起优势。遗憾的是，中国的绝大多数企业还是中小企业，相对来说还属于弱势群体。这就意味着，中小企业在跟风的时候需要更加注意，尽量不犯错或少犯错。

第一，跟风的需求要选对。

这里的需求当然指消费市场的需求，这也是跟风的大方向。需要注意的是：有些跟风的对象，表面上看创新程度高、定位合理，产品似乎很有前途，于是我们盲目地选择向它们跟进，最终的下场极可能是一起死亡——因为这些新领域的开拓者，其产品本身没有与市场需求对接，是注定要失败的。

记得在方便食品领域，一个叫做"方便米饭"的产品也曾火了一把，但是最终，这个产品的"原创"企业以及被它"勾引"出来的跟风企业绝大部分都销声匿迹了，其原因就是产品背离了市场需求。大家都知道中国人对许多东西都讲究方便和随意，但在吃饭上却比较讲究，什么隔夜的馊饭或者夹生饭是肯定不吃的，在农村就会拿给猪吃。而方便米饭这个产品，不但背离了普通人对于米饭不能放太久的认知，而且产品本身还存在一些重大的缺陷，比如泡制时间过长，很容易泡出一碗夹生饭。

这么一个简单的道理，就将方便米饭这个产品打入了违背需求导向、市场细分过于狭窄的失败者行列。

第二，跟风的对象要选对。

在方便食品这个领域刚刚出现方便卷粉、方便粉丝这些细分产品的时候，曾经让多家云南的企业看到了机会，因为它们有过桥米线闻名于中国，并成功地将过桥米线店开进了国内许多大中城市。

于是出现了第一家生产方便米线的企业，第二家、第三家……但是，十来年过去了，还没有一家企业真正走向成功。究其原因，并不是消费者们对方便米线没有需求，而是跟风者们跟错了对象。被跟者与跟风者都是实力比较弱的中小企业，根本就没有能力去进行产品的市场培育。

这就告诉我们一个道理：在选择跟风的领域时，被跟者，也即领头的企业最好能有培育起市场的能力；如果它做不到，在跟风者中有无实力雄厚并且有决心做大这块"蛋糕"的企业，就显得尤为重要了。如果两者都没有，跟风的企业一定要慎之又慎。

不过，这也可能是一把双刃剑。如果跟风的对手太多或者太强大，又会减少自己成功的机会。

第三，跟风的时机要选对。

对于跟风者来说，选择恰当的时机进入领域也是很重要的。如果是一般企业领头的领域，我们选择在市场成长期的中后段或者是成熟期的前段跟进会比较好。因为这个时候，领头羊的市场地位尚未能很稳固地确立，且跟进的对手数量相对有限，市场状况相对明晰化，自己的机会相对也就更大一些。

不过，如果是强势企业在前面做领头人，跟风的时机就不妨提前到成长期的前半段。对于那些自己能够明确判断市场走势的产品，企业甚至还可以将跟风时机再度提前至市场导入期的中后期。

第四，跟风的地点要选对。

我们都知道娃哈哈善于跟风，且不乏成功的经典案例。比如非常可乐这个产品，在可口可乐、百事可乐两大巨头的虎视之下，硬是占据了中国碳酸饮料市场11%的市场份额。对于这个一直被大家津津乐道的案例，公认其成功的重要原因之一，就在于非常可乐绕开了"两乐"的强势市场，采取了"农村包围城市"的战略，由点及面地建立起了自己的"苏区"。这个来源于伟大领袖毛泽东的战略思想，在营销中也是可以借鉴的。

但是，仅仅记得"绕开大道走两厢"，绕开强敌的"白区"建"苏区"，那也是不够的，企业必须根据产品的具体情况选择适当的市场投放。对于那些不需要多大的市场培育投入，需求显著，一点火就燃烧起来的产品及市场，考虑这种策略当然行得通。但是对于某些产品来说，产品投放市场就意味着企业需要花费不菲的市场培育成本，如果是这种情况，选择对手刚刚辐射或影响到但还没有进入的邻近市场或势力相对薄弱的市场，可能会是我们更好的选择。

第五，跟风的策略要选对。

事实上，对于一些大企业或知名品牌而言，在跟风时根本不用避讳被跟者是谁，它们往往会趁被跟者刚开辟这个领域但未站稳脚跟，而且产品的市场接受度又未得到印证的时候，采取正面迎击的策略。

对于处于弱势的中小企业来说，它们大多数会选择在产品形态、品牌命名、商标图案、包装样式及色调等方面，几乎完全模仿被跟者，然后以低价来赢得竞争力。趁被跟者还没有树立起自己的品牌形象及地位，消费者也还没有确立起谁正宗谁假冒、谁更值得信赖谁不值得信赖的意识去浑水摸鱼。许多人都对这样的跟风策略颇有微词，但我认为作为策略它是无可厚非的，只不过在具体的做法上还值得商榷。

对另外一些有点实力的中小企业来说，它们可能会选择另外一条跟风的路。那就是在跟风的同时进行创新与差异化，以更尖锐准确的细分式定位，从市场补缺、产品形态、概念等方面，赋予产品不同于被跟者的个性。它们会采取对手进什么卖场我就进什么卖场，对手做哪个陈列位我就靠近哪个陈列位，甚至对手用哪个经销商我就用这个经销商的办法——尽管，在不少时候，强势的企业及品牌都会对旗下的一些经销商有一些排他性的要求，但是，倘若那是一个强势的经销商，它有可能会对对方的要求视而不见。很多市场中的黑马都是通过这种策略实现一鸣惊人的。

不管怎么说，我们现在的营销世界是"条条大道通罗马"，有不止一条路能帮助我们走向成功，但前提是你必须选对自己该走的路。而具体到要在跟风中选一条什么样的策略之路，那就是企业综合权衡需求、竞争及自身资源与能力后的结果。

■ 跟风、跟随之辩

要向广大读者朋友致歉的是，我并没有将"跟风"与另一个带"跟"字的概念——"跟随"进行严格的区分。比如，那些跟进脉动的企业，以及跟进碳酸饮料的娃哈哈，用"跟随"就更加适合它们。

事实上，如果要细究的话，跟风与跟随的确是两个有着很大差别的概念。在这里，我无意执著于对字面概念的纠缠，仅做一下简单的说明（在接下来的一章内容中，我们所重点探讨的就是跟随）。

跟风，一般被看作是一种相对简单的"行为艺术"。通常的情况是：在前面领头的做什么样的产品，我就跟着做什么样的产品；对手搞什么样的活动，我就跟着搞什么样的活动。在营销上，则往往采取低价竞争的方式。有时候，连产品包装的样式和色调，以及商标、图文等元素都存在一定的雷同，产品模仿及同质化竞争的程度非常高。跟随者对被跟者的依赖程度也相对较高，自身受外围环境的影响较大。

而跟随则被看作是一种战略抉择、一种"道"。它涉及产品设计、宣传、公关、促销，以及渠道运作等方方面面的环节。

采用跟随策略的企业，在价格上可能低于被跟者，但也可能高于被跟者，因为这些企业要对市场进行更细的划分，或者是找到了被被跟者相对忽略的消费群体，而在自己的跟进产品中添加了更多差异化或创新。

创造领先机会的跟随策略

在我们的身边，有着不少采取跟随策略的企业，其中尤以中小企业为多。它们亦步亦趋地跟在领先者的后面，生存着、发展着，并机警地寻找着自己出头的机会。

不过，相对于在前面领跑的企业，跟随在后的大多数企业往往会在心气上就弱了许多——尽管，那些目前看上去领先优势不小的领跑者，或许仅仅只是一头身躯庞大的"黔驴"而已。

■ "盗版"打败"原创"

在"黔驴技穷"的典故中，一只老虎竟然会被徒有庞大身躯的黔驴给镇住，不过，当它弄清楚那只驴子只会伸伸腿、装装样子之后，还是扑上去将驴子给吃了。

在现实的市场中，跟随者们同样有机会吃掉貌似强大的"黔驴"。看看下面的例子：

谁是世界上第一家开辟 PC 电脑领域的企业？蓝色巨人 IBM！但就在 2004 年，IBM 却将自己的 PC 业务卖给了中国的联想。

谁是世界上生产出第一台 VCD 的企业？我们中国的万燕！它还是 VCD 市场的"先烈"，当自己开辟的市场慢慢红火起来的时候，万燕却消失了。

谁又是中国率先开辟火腿肠市场的企业？河南春都！这家生产出中国第一根火腿肠的企业，辉煌早已不在。现在的火腿肠市场是它的跟随者双汇、雨润等企业的天下。

……

事实上，我们通过研究可以发现：那些市场上的创新者、开拓者，有许多都被它们身后的后进者、跟随者所超越。这样的案例，不胜枚举。

"盗版"可以打跑、打败"原创"！或许这是一个并不恰当的比喻，但对广大的跟随者而言，这实在是一个鼓舞人心的消息。

实际上，强敌"先入为主"的优势，往往都是被我们自己所夸大，这束缚了我们的手脚，并被企业中的许多人拿来作为推卸责任的借口。不过，要将人心的振奋转变成现实的胜利，往往取决于我们采用了怎样的跟随策略。下面，就让我们通过一些案例来研析。

■ 如何从跟随到被跟

"美汁源"是可口可乐公司旗下一个有着60年历史的老品牌，但直到2004年，这个品牌才被引进中国市场。在中国，事实上我们可以这样说："美汁源"的果粒橙就是可口可乐公司所推出的又一个跟随统一"鲜橙多"，并最终完成超越的果汁饮料。

为什么这么说？我们知道，"多喝多漂亮"的统一"鲜橙多"是最先在中国市场做起来的橙汁饮料。而在它取得成功之后，娃哈哈、农夫山泉、康师傅等才陆续跟进。当然，迅速推出"酷儿"的可口可乐公司也是一个跟随者。

但我们在这里不讲"酷儿"，而讲"美汁源"。在"美汁源"

果粒橙上市半年后，可口可乐公司很快就缩小了自己与统一在果汁饮料市场的差距，而在广州、杭州、南京等城市，甚至取得了果汁饮料市场占有率第一的位置。

现在，"美汁源"果粒橙已经由一个跟随者完成了向一个领导者、一个被跟者的角色转换——在其取得成功后，康师傅的"果粒柳橙"、统一的"统一果园"等许多添加果肉的饮料蜂拥而上。那么，"美汁源"果粒橙是如何实现从跟随到领先的呢？说到这里，许多朋友都难免会想到其东家可口可乐公司完善的市场体系、成熟的业务执行系统、强大的品牌推广实力及不菲的资金投入。

但是，这些并不是我们在这里要讨论的重点，因为我们广大的中小企业根本就不具备这样的能力及资源平台。因此，我们所要讨论的重点是，"美汁源"果粒橙在产品上是如何做的，能够给我们带来怎样的启示。

第一，产品定位不仅要与强者形成区隔，也要精准。

果汁饮料的两大巨头——统一"鲜橙多"、康师傅"每日C"的受众定位是什么？爱漂亮的时尚女性、青少年。可口可乐旗下另一果汁饮料品牌"酷儿"的消费群体则主要是十四五岁以下的少年儿童。而"美汁源"果粒橙的主力消费群体则定位于25～35岁的成年人——一个被许多果汁饮料企业相对忽略的群体。

作为一个后进者与跟随者，通过进一步细分市场，差别定位，有效避开强敌的正面锋芒，形成与对手的差异，找到竞争相对薄弱而又具备相应市场容量的领域，正是自己获得生存和发展的一条重要法则。

即使"美汁源"的东家可口可乐是世界一流的大企业，它在中国市场的发展依然遵守了这个法则。

第二，有个与众不同的有力卖点。

可能有不少朋友会认为"美汁源"果粒橙的卖点是口感、天然、甘甜、营养等等。但是这些感性的字眼同样适用于它的竞争对手。因此，"含有10%的果肉"才是"美汁源"明显区别于对手的强有力卖点——把果汁饮料中需要单独强调正常、可饮用的"悬浮物"扩大为果肉，并将其转变成卖点，这不能不说是"美汁源"的一个创新。

说到这里，作为市场跟随者的我们一定要提醒自己：所谓产品的卖点，它最好是竞品所不具备的特点。因此，我们一定要从表面元素的背后，找到真正能与竞品形成差异的东西。当然，它也一定是能满足消费者需求的，同时，卖点本身也是需要包装、一些载体及形式来表现的。

第三，给产品融入更多可体验的元素。

在视觉、听觉、味觉、触觉，在售前、售中、售后等方面的体验，左右着消费者们对我们的评判和消费。就"美汁源"果粒橙而言，它通过将一些可体验的元素注入到产品及包装本身，为自己的卖点找到了更能诱导消费者的表现形式——独有的橙形凹凸瓶体、外包装上的剖面鲜橙将金色橙汁展现得活色生香。消费者看到就想喝，这显然是一种将口感视觉化的表现形式。

讲到这里，我想提醒所有的市场后进者注意的是：为什么小孩和小孩很容易相交、熟识？因为他们还未如成年人般心怀戒备，是开放的，这让小孩们更容易赢得朋友。所以，我们也要把自己的产品变成一个"小孩"，敞开展现它们特有的真善美，如此，我们才能赢得更多的消费者。当然，这种展现将更多地通过包装及包装上的附载物来实现。

第四，包装不但要有形，还要有神。

什么是形？"美汁源"果粒橙的瓶体是凹凸如橙皮的，其包装上的色调、图案、文字都与橙子有关,这就是形——它是物质的。

什么是神?"美汁源"以橙为中心的包装,让人感觉就像一只鲜橙,果肉粒粒饱满多汁、鲜嫩勾人,让人一看到就会想到口味一定不错,这就是神——一种精神层面上的利益、映射及联想。

近些年来,尽管我们许多企业、许多产品的包装,从整体上都得到了一定程度的提升,但那更多的是表现在材质及形式上,而在"神"的包装上还远远不够。比如,做速溶咖啡的,就在包装上印上咖啡籽;做三七保健品的,就在包装上印上三七花、三七茎等,却很少深入去想如何给包装注入一些精神层面的元素,让产品不但有形,还要有神——就像一个人一样,不但有型,还要有气质。

■ 如何从跟随者变成领先者

说到蒙牛,许多朋友都知道它是中国乳业市场的领导者之一。如果结合数据来说,这家企业在2005年的销售收入就已经达到了108亿元,是中国液态奶、冰激凌市场的"双料王"。可大家知道吗?这家企业在六七年前,还仅仅排在中国乳业的第1116位,它与同城另外一家企业——伊利的销售收入之比是1∶30。

而现在,蒙牛与伊利在销售收入这个硬指标上,已是半斤八两,处于同一个层级了。以前,蒙牛在伊利这只"大老虎"面前,只能当一个跟班;但现在,你推早餐奶我跟进早餐奶,你出优酸乳我也跟进酸酸乳——出于防御、狙击、分羹等考虑,互相都有跟随。

事实上,蒙牛跟随伊利的策略,正是奠定其今日之成就的基础,在蒙牛的发展历程中功不可没。蒙牛的跟随策略究竟是怎样的?又能给我们带来什么样的启示?

第一,跟要有识、随要有胆。

在蒙牛刚刚起步的时候,和所有的弱势品牌一样,都面临着缺金少银的难题。但这家企业竟然敢从300万元的筹款中拿出100万元,在呼和浩特市购买了300多块路牌,让呼市人民在一夜之后便认识了蒙牛。看了蒙牛的例子,相信应该会有不少的跟随者需要反省自己。因为我们当中的众多企业并不"缺识",而是过于畏缩,极需"补胆"。

第二,跟随者无势就借势、造势。

蒙牛的那100万花在了一个并不复杂的广告主题上:创内蒙古乳业第二品牌。这第二前面的第一是谁?当然就是伊利。蒙牛,这家当时排行中国乳业1000多位的企业,一出生就插队成了内蒙古的第二,让人以为蒙牛也不小,产品也应该不错。而当时,伊利至少在冰激凌市场已经是中国第一了。很显然,蒙牛是在通过借领跑者的势帮助自己发展。

说到这里,我要提醒所有的跟随者注意的是:无势的产品、企业及品牌,是难以在市场上成事的。自己无势怎么办?那就得像蒙牛一样,借势、造势。

第三,放松强手对你的敌视神经。

蒙牛和伊利是两家交织了恩怨情仇、渊源颇深的企业,因为蒙牛的董事长牛根生及其一部分创业元老,都是从伊利"出逃"的。所以,蒙牛从一诞生,就在奶源、渠道甚至是融资途径等方面受到了伊利一定程度的打压。为此,蒙牛以退为进,通过放低自己的姿态来换取对手"高抬贵手"。比如,蒙牛曾经主动为内蒙古当地的一些明星企业做广告,而伊利就被排在了第一位。

这是一种既闷头赶路又抬头看天的表现。事实上,自己刚一跟进，或者是刚跟出点起色，就被强大的对手出手打压，这是每一个跟随者都害怕的。对和伊利有着千丝万缕关系的蒙牛更是如此。但是，怕也没用，与其任由发生，还不如积极主动出击，寻法"减震"。

第四，在跟随中开辟弱竞争领域。

在2000年之后，蒙牛相继开发出了利乐枕、香米奶茶粉等不同于对手的差异化产品。其中，香米奶茶粉是原创，利乐枕尽管是个跟随性产品，但仍然处于弱竞争领域。因为在蒙牛的前面，还有帕玛拉特，这是第一个给中国市场带来利乐枕产品的洋品牌。最终，蒙牛把这两个产品都做到了全国冠军的位置，从而帮助自己在6年内获得了292倍的极速增长。

蒙牛的例子向我们表明，跟随是为了更好地积淀和成长。而要做到这些，总是跟在别人的屁股后面是很难取得成功的，企业一定要通过差异化和创新，找到属于自己的弱竞争领域，甚至是"无竞争"的崭新领域，也就是所谓的"蓝海"。

就像我们在前面所提到过的，这也是跟随者们从跟随到领先，弱势品牌们由弱到强的一个基本法则。

讲到这里，或许不少的朋友都已经发现，跟随不仅是要跟随产品本身，还可以跟随宣传、公关、促销及其渠道运作等方方面面的环节。跟随也不仅仅是弱势者的行径，出于防御、狙击对手等方面的考虑，强者互跟、强者向弱势者跟进，也常有发生。

4　掀开产品创新的天花板

推出新产品是我们突破销售及企业发展瓶颈、避敌锋芒、弱化竞争的有效方式之一。但是，我们对市场稍加关注就会发现，大多数企业所谓的"新产品"，仅仅是相对于这个企业来说是最新研制开发的产品而已，市场中同类型的产品实际上早已存在。

难道这仅仅是由跟随策略和跟风行为所造成的吗？如果不是，我们为何不能通过创新推出"第一"的产品呢？或者是让市场上的老产品由里及外焕发一些与众不同的新貌提高竞争力呢？

企业界的产品创新乏术，似乎在说明：产品创新也触到了天花板！真的是这样吗？我的答案是"否"！在本节内容中，我们即将看到的就是一些开展产品创新的方式。从中你或许会发现，一直困扰自己的产品创新问题，在这里能找到你想要的答案。

■ 红色撕裂带的启示

此前，我对箭牌口香糖一直不太满意。原因很简单，我每一次撕开包装纸总觉得有些不方便。

2004年的某一天，我发现绿箭的外包装有了个小小的变化，增加了一条红色撕裂带。当我沿着红色撕裂带将一条绿箭撕开的时候，感觉有些欣喜。我相信，这么简单的一个设计所带来的影响是巨大的。它不仅让老箭牌焕发新颜，而且给它的直接竞品及可替代口香糖的产品闷头一击，从而更好地挽留住那些嚼着箭牌口香糖长大的消费者。

这说明了什么呢？这说明，那些以为产品创新需要强大的技术研发能力、需要极大的财物投入的人，其想法是错的。

有时候，当我们面对市场某个领域的产品竞争时，我们只需要在自己的产品上做个小小的改动，就足以让自己与众不同，从而赢得市场的青睐。而这样的创新，可能仅仅需要研究一下，如何给消费者在使用该产品时提供更人性化的服务。

■ 利用消费者的忌讳

我一直认为，推出一个产品的过程就是投消费者所好的过程。要找到消费者购买的喜好，规避消费者在使用某类产品时的忌讳，就是产品进行创新的有效方式之一。

比如我们感冒了，就会吃感冒药。可是，我们的目的是将感冒治好，并不需要感冒药在口中难以下咽的苦涩滋味。对于许多感冒患者来说，感冒药苦涩的滋味是他们的忌讳，尤其是那些少儿患者。所以，一些厂家适时推出了甜味的感冒药。而一种名为喷感剂的产品，也很好地利用了这个机会——对于那些讨厌吃药的感冒患者，只需将这种创新产品对着鼻子喷喷，就能起到治疗的效果了。

这个事例告诉我们，消费者长期使用某种形式的产品，并不一定就是已经给这类产品定了性、定了型。产品创新就需要我们去打破那些所谓的"产品就应该这样，不应该那样"的"天条"。

也许有人会担心，这种打破常规的"创新产品"，能经受住市场的检验吗？我觉得这种担心是多余的。当你帮消费者解决了他们在使用某类产品上的忌讳后，他们又怎么会不接纳你呢？

当然在产品创新的时候，必须遵循两个前提：一是创新产品的价格应该是自己的目标人群所能接受的；二是你要让自己的创新产品被消费者所知晓、看得到和买得到，要让他们认识到你的产品正是他们所需求的。

■ 相对成熟的产品衍生出产品伴侣

通常情况下，大家会认为每一个产品都不可避免地会出现下面两种结果：其一，产品经历由成熟到衰退的市场规律；其二，因创新产品的出现而被替代，比如录像机被 VCD 机所取代，而 VCD 机又逐渐被 DVD 机所替代。

除此之外，产品伴侣是另外一个由相对成熟的产品所带来的创新机会。比如，我们买咖啡的时候，通常会看到一种叫咖啡伴侣的东西；我们用了洗发水后，还可能用到护发素。说到这里，我认为许多的创新产品都将会以成熟产品的伴侣的方式出现在消费者的眼前。也许就在不久的将来，消除牙刷刺磨牙齿后遗症的牙膏伴侣，消除酒后头昏脑涨后遗症的酒伴侣（非偷偷摸摸服用的解酒、醒酒类产品）等创新产品就会出现在我们的生活当中。

企业要牢记的是，想通过推出产品伴侣的途径在产品创新上有所作为，就必须挖掘消费者们越来越高的消费趋势；就必须研究消费者在使用该类别产品后，所出现的但尚未被他们列入忌讳黑名单的"后遗症"。

■ 改变产品的物理形态

这里所讲的改变产品的物理形态，并非是指由录像机变成 VCD 机、DVD 机之类的由替代性产品所掀起的物理形态革命。而是指，在大多数人家里的电视还体积庞大、笨重的时候，出现了占用空间小而轻巧的液晶壁挂电视；在大多数人还在"喝"牛奶的情况下，出现了由液体牛奶向固体奶片的改变之类的创新。这才是我所讲的产品物理形态的改变。

这种改变在不少领域都将大有作为。当然，有一点需要我们注意：在保障产品的品质功能的前提下，对产品物理形态的改变，都必须给消费者带去一定的好处。

除了改变物理形态的产品创新外，产品包装、广告设计等的改变也能对产品的销售起到促进作用，有时甚至起到决定作用，因而同样值得我们重视。比如，脉动饮料推出的大瓶口设计、爆果汽饮料使用的黑色瓶子等。

不过，在这里还需要提醒大家注意的是：通过物理形态的改变来进行产品创新，需要建立在对目标人群个性化消费需求的研究基础之上。一般而言，物理形态的改变主要是从目标人群拿取、运输、存放的方便及美观性等方面考虑。

■ 多种产品功能的嫁接与拆分

多种功能嫁接，这听起来就像在宣扬包治百病、无病健身的药品或保健品，想方设法往自己脸上"贴金"。但我要说的是，这种"万金油"式的思路，却可能成为我们进行产品创新的一条有效出路。比如，嫁接唇膏功能的牙膏；嫁接缓解头痒、改善头屑、防脱发以及生发功能的啫哩水；嫁接手机或电视功能的手表……这些将不同产品的特征或功能嫁接到一起，"一站式"满足多种消费需求的创新产品，将在未来的市场中争妍斗奇。

我在这里还是要提醒大家注意以下几点：

一是要考虑消费者的接受度，不是任何东西嫁接到一起都能令消费者接受的。比如，相比让电磁炉具备电视的功能，也许让电冰箱具备电视功能的受认可程度可能要更高一些。

二是要考虑目标人群的购买及使用成本。比如，当一台具备微波炉功能的电视，其操作难度增大、价钱比原有两项产品的总价都还要高（同样要命的是，其中的不少功能一年到头都用不着）的时候，这样的创新产品就很难有市场。

当然，多种产品功能的嫁接并不是我们唯一的出路。当大家都在做多功能产品的时候，多功能嫁接的对立面——功能拆分，同样可以成为产品创新的途径。比如，当洗发水市场都被洗护二合一的产品统一的时候，洗、护分开的产品将显得更加专业，就可能被消费者当成创新产品。清扬开发出男女分用的清扬系列洗发水，打破了多年以来男女共用同一款洗发水的局面，它们的这种方式其实也是产品创新。

尺有所短，寸有所长。嫁接与拆分，没有谁比谁更好，谁比谁更差。在这里需要遵循的一条原创就是：必须从消费者使用的角度考虑，在此基础上只要能做到与众不同，那就是创新，虽然这种创新是相对而非绝对的。

■ 以补缺开展产品创新

无糖口胶、木糖醇以及佳洁士推出的深层美白牙贴，就属于这样的创新产品。我们如果要从这些方面开展产品创新，最重要的是要在把握消费趋势的情况下，依据消费者性别、年龄、收入状况、消费时段、地点等等，进行市场细分。

另一种情况就是，把以前受到忽略的产品的某些功用，挖掘出来进行差异化的概念包装，即概念创新。

或许，你在阅读完本节提到的几种产品创新的途径后，就可能推出让对手大吃一惊的产品。但在最后，我要提醒你的是，任何的产品创新都是围绕着消费者和竞争转的，可千万别陷入为创新而创新的误区。

在细分的市场筑道墙

将一块原本有难以计数的对手抢夺、瓜分的奶酪,区隔出只有自己或少数几个对手所能独享的部分,是广大弱势品牌避开强敌、获得生存土壤和成长机会的重要手段。但没有猫是不吃腥的。当你苦心孤诣培育的市场开始飘散出诱人的芬芳的时候,就会引来大量争香的蜂蝶。

面对这种情况,企业如何形成区隔,并保住自己花了大力气培育的市场?如何获得相对安全的成长环境呢?

■ **唐僧脚下的圈**

话说《西游记》里有这么一出戏:孙悟空用金箍棒绕着唐僧画了一个圈,唐僧只要不走出这个圈,任何妖魔鬼怪都不能接近他。这个圈能够保护唐僧不受到任何的伤害。而企业所要找的也正是这样一片有无形高墙进行庇佑的"安全区"。

但是,企业没有神通广大的齐天大圣,也没有金箍棒,如何来为自己"圈地"呢?

众所周知,中国的茶饮料始于旭日升。这是一个以供销社为基础发展起来的企业,由于在细分市场中找到了一片市场空白,而获得了巨大的成功。有数据显示,在旭日升市场销售的最高峰——1998年，其销售额达到了30亿元人民币，其品牌价值也一度达到惊人的160亿元人民币。由此我们不难想象，由旭日升开拓出的这一片市场是何等巨大和诱人，这注定会引来诸多跟风者。

随着康师傅、统一、可口可乐、娃哈哈等强手的相继跟进，旭日升所面临的被人端掉饭碗的压力也越来越大。此时，面对前述品牌强大，品牌维护及营销标准化、规范化的对手，旭日升攘外不成内先乱。派系斗争等企业"政治活动"频繁，区域销售政策混乱，倾销、串货横行等问题，很快便让旭日升如流星般坠落。

2001年，旭日升的市场份额迅速从高峰时期的70%跌至30%。到了2003年，据CMMS 2003年的数据显示，高达62.3%的市场份额集中在康师傅、统一这两大巨头身上。而被穷追猛打、自乱分寸的旭日升，则仅仅以5%的市场份额苟延残喘。到了2004年开春之后，旭日升更是沦落到了面临破产和拍卖商标的地步。

从旭日升由弱至强，再由强至弱的兴衰史，我们不难看出，当企业通过产品创新和区隔定位找到了一片市场空白，并逐渐培育起它的时候，总会引来众多的跟风者。而强者的跟进往往是最可怕的，它们的品牌、网络、资金、人力资源和规范化品牌维护及营销行为，足以蚕食这片让我们刚刚尝到一点甜头的"希望的田野"。

怎么办？结合旭日升的教训，我认为企业一定要在自己细分的市场筑道墙。具体而言，主要有这么几点需要引起我们足够的重视：

其一，寻找、进入足够养活和壮大自己，但又不足以引起强敌的觊觎，从而令自己赢得更安全的积累和成长的领域与空间。

其二，从一开始就明确谁是最可能遇到和跟进的强敌，并搞清楚它们的强势产品形象，有意识地让自己的产品与它们的强势产品之间产生最大程度的差异化。

要更好地理解这句话，我们有必要来看一下日本本田摩托在美国市场的成长历程。

本田摩托是在20世纪50年代开始冲击美国市场的。那个时候的美国摩托车市场是哈利·戴维森的天下，这个只生产重型摩托车的品牌几乎就是摩托车的代名词，其市场份额曾一度高达70%。由此可见，本田摩托要想在美国闯出一片天地的难度有多大。

经过前期的试探之后，本田认为哈利·戴维森在重型摩托车上太强大了，以至于消费者根本就不会接受哈利·戴维森生产轻型摩托车的事实。

于是本田用一款完全没有竞争对手，价格仅为美国大多数摩托的价格1/5的一种小型轻便摩托车打入美国市场。而这款摩托在当时的哈利·戴维森看来不过是工艺精致的"玩具"。就这样，通过为消费者提供截然不同的选择，以及一系列有效的营销措施，本田的市场占有率一下子飚升到80%，从而成为美国摩托车市场的新王者。

其三，要尽快成为这个领域的强者。在缺乏规则的营销环境中，企业必须尽快完成品牌的建设和维护，以及营销的规范化和标准化，从而以扎实和强大的市场优势、品牌优势及其领先标准的规范化来抵御跟进的对手与强敌。

同样以本田摩托为例。随着其成功地攻克哈利·戴维森把持的美国市场，本田成了轻型摩托车的代名词。哈利·戴维森此时再想推出轻型摩托，必须要先抛开它在消费者心中就是大型摩托车的品牌认知不说，本田也是一只横在眼前、几乎无法被打败的

"拦路虎"。

其四,构筑壁垒拦截对手。

这个壁垒可能是通路及终端拦截上的壁垒,也可能是在包装、技术等专利及标准上的壁垒,还可能是商品代名词或商标专有名词上的壁垒……

以旭日升为例。尽管它将"冰茶"通过注册收入自己的囊中,却因未能预测到对手会以"冰红茶""冰绿茶"等参与竞争,最终在市场竞争中败北。但旭日升注册"冰茶"的做法显然是值得我们借鉴的。

构筑壁垒,正如我们前面所讲,是为了企业有一个相对安全的成长和发展环境,而并不是要独享某个细分市场,事实上任何企业都难以做到这一点。在通常的情况下,一个新的细分市场往往需要一批"志同道合"的竞争者,共同培育和做大细分市场的"蛋糕"。

其五,进入自己能够守得住,或者是强敌暂时未考虑全面进军的区域市场,并尽快构筑起优势地位。

在许多时候,强敌们往往会因为彼此间的牵制,在某些重点市场集中作战,从而使另外一些市场呈现出相对"空白"的状态,或者是因为某些市场需要花大力气才能培育起来,从时机等方面考虑需要暂时"放弃"。而它们这种短暂的"空白"或"放弃",正是我们需要敏锐捕捉的机会。

■ 执行系统的差异化

市场细分,在许多时候,就是不断地细分消费群体与消费需求。这种切蛋糕式的细分通常会将原先"大一统"的市场逐渐分裂、变小,这显然会影响到一直独享这块蛋糕的食者的利益。

如果分出去的那块市场不但诱人,而且能裂变扩容,这个时候，强敌们也肯定会因为见好而纷纷跟进。比如乐百氏的"脉动"一火，娃哈哈、养生堂、汇源、康师傅、统一等就快速跟风。

在差异化天生就缺乏安全性的现实环境之下，如果我们的产品是差异化的，但仍然和潜在替代的竞品行走在完全相同的区域市场及通路；如果我们的重点市场及通路是差异化的，但在诉求上还是和对手讲着一样的话……显然，这种差异化是不能帮助我们最大化规避竞争和提高安全系数的。

那么，怎样才能在市场细分中提高安全性呢？企业就必须更为系统地贯彻差异化！让我们再来谈谈一个为大家所熟知的案例——非常可乐。

非常可乐的成功，如果从差异化的策略上来说，主要有三点：

一是品牌上的差异化。非常可乐初入市场的时候，打出了民族牌，以"中国人的可乐"及其一直倡导、宣扬的传统喜庆文化，和"两乐"形成了有效的区隔。

二是主战场的差异化。在非常可乐的成功经验中，其以"农村包围城市"的策略避开了"两乐"在城市市场的强势锋芒，而是扎根于"两乐"势弱的农村市场，这就为非常可乐赢得了安全生存期与成长期。

三是消费受众的差异化。尽管非常可乐与"两乐"的主力消费群都集中在35岁以下的年龄层，但是"两乐"针对的是一、二级城市市场的消费者，而非常可乐针对的却主要是三、四级农村市场的消费者。这不仅未让"两乐"感觉到威胁，甚至还可能让它们想到非常可乐是在为整个碳酸饮料市场做大"蛋糕"，这也给了非常可乐一个相对安全的成长空间。

但是，非常可乐的差异化并不仅仅是这些，比如在"联销体"的通路模式上，在比"两乐"便宜10%～20%的定价上等，都无不体现了差异化。

姑且不论娃哈哈在系统的差异化安排上是误打误撞,还是有意为之,它的成功都告诉我们:企业细分市场之后,如果要在一段时间内避开暂时不愿见到或缺乏能力应付的强敌,就必须更为系统地贯彻差异化。也就是说,差异化不是零散的市场战略,而应该是系统的战略工程。

接下来,让我们结合娃哈哈的经验,通过营销工具"A-MCR"营销全沟通中的五个渠道——品牌渠道、物流渠道、服务渠道、促销互动渠道、信息传播渠道,来剖析设计和执行系统差异化的一些需要考量的主要因素(见表1-1)。

表1-1 A-MCR五渠道的差异化

A-MCR五渠道	主要差异化因素
品牌渠道差异化	品牌理念及价值差异化
	品牌描述及诉求差异化
	品牌形象差异化
	品牌符号差异化
物流渠道差异化	核心产品定位及质能特点差异化
	边际产品(如包装等)差异化
	价格差异化
	主要区域市场差异化
	针对性的主力消费群体差异化
	通路及其政策差异化
服务渠道差异化	服务理念差异化
	服务流程及方式差异化
	服务内容差异化
	服务承诺及质素差异化

(续)

A – MCR 五渠道	主要差异化因素
促销互动渠道差异化	活动具体目的差异化
	某阶段活动的内容差异化
	某阶段活动的地点差异化
	某阶段活动的时间差异化
	活动系统配合上的差异化
	参与活动的门槛差异化
信息传播渠道差异化	信息诉求差异化
	传播载体及途径差异化
	媒介组合及实施差异化
	软硬终端媒体化上的差异化
	"高空"宣传落地的差异化

在设计和执行系统差异化的过程中，一般情况下，差异化程度越大，与强敌正面相碰、捉对厮杀的几率就越小，安全成长的可能性就越大。

但需要说明的是：差异化是为自己的安全及快捷的成长服务，而非为差异化而差异化。因为最终，我们还是要回到和强大对手直接竞争的市场大环境下来。比如，你明明经营的是酒水，却偏偏不走餐饮等行业渠道和商场、超市等大众渠道，这显然不够现实。

因此，我们需要对以下问题保持警惕：

其一，系统差异化是否违背了一些最为基本的营销规律？比如，我们的产品差异化是否把自己限制在了一个狭小得连自己都无法生存及成长的空间；我们的促销差异化，是否玄得让消费者都感觉不到有受让利益的存在等。

其二，差异化系统是否妨碍了自己成长的速度？比如，我们的产品差异化是否进入了一个需求隐藏极深的角落，还需要漫长的培育才能唤醒市场；我们的通路差异化是否远离了销量及利润贡献比较高的主渠道等。

其三，所欲推行的系统差异化的成本是否是自己所能承受的？比如，我们的通路差异化是否把自己推入了无法承担开拓、维护和服务成本的境地；我们的服务差异化是否做出了无法兑现的承诺等。

一旦我们放松了对上面几条的警惕，我们所面对的，将可能是不适合自己的差异化的禁锢乃至自残。再回过头来看看非常可乐，我们可以发现差异化在为非常可乐赢得阶段性的成功之后，也为其带来了成长的桎梏——由于非常可乐长期行走在农村市场，其广告大都缺乏都市的时尚性，对许多城市市场的消费者而言，非常可乐已然打上了"下里巴人"的烙印。当非常可乐全面发动"进城"战役的时候，这些消费意识上的壁垒，就像一座巨大的屏障，需要非常可乐花长时间、下大力气才能打破。

同时，我们还应该随时提醒自己的是，再彻底、再高明的市场细分之道、差异化区隔之术，都只能让我们在某一个特定的时间段内能够相对安全地生存与发展。一旦我们将一个原本不够成熟、不够明朗，甚至是完全新生的市场，逐渐培育出一定的成熟度及规模；一旦强敌自认切入的时机成熟，或者是感觉到自己的地位已经受到了威胁；一旦越来越多的跟风者把身子挤进来掺和；一旦跟风者自己觉得翅膀已经长硬，可以发起推翻"政权"、谋求上位的大规模战役的时候，我们最终仍将回到强敌横亘、要与众多对手肉搏厮杀的境地。

市场上的正面交锋、短兵相接，意味着我们在细分市场的一些差异化优势在逐渐丧失。比如，当百事可乐和可口可乐开始重视农村市场和节日市场之后，非常可乐的优势将很难继续存在。

这再一次提醒我们：企业一定要在早期、相对安全的细分市场中快速地成长，才能有强壮的"身板"应对随时可能出现的巨大威胁和挑战。

第二章 渠道：冲破阻挠，与经销商比翼齐飞

1. 提升经销商的分销积极性
2. 突破对手的封锁
3. 谈好与分销商的"恋爱"
4. 有效提高渠道的反应能力

提升经销商的分销积极性

经销商铺货不积极;经销商对新品推广不重视;经销商忽视新市场开发和对薄弱市场的提升;经销商在终端的维护、陈列质量的改善及促销上舍不得投入,执行力得不到保障……诸如此类的问题,让每家企业都很头疼。

我们接下来即将展开讨论的主要问题就是:怎样才能提升经销商的分销意识与积极性。

经销商为何不积极

经销商的分销意识与积极性之所以提不起来,我认为问题主要出在以下五个方面。

第一,我是"二传手",拒做"嫁衣裳"。

在与许多经销商朋友打交道的时候,我发现有这么几个颇为典型的老观念在影响着他们的行为。

其一,给厂家创造得越多,就感觉自己得到的越少。对不少经销商而言,开辟了一方疆土,造就了一个又一个的知名品牌,可是除了有限的利润之外,自己还得到了什么呢?没有,其他的东西都是厂家的。如果厂家来个过河拆桥或者是开展渠道扁平化,自己一不小心还会被踢出局。

其二，旧有分销观念未能改变。尽管经销商的变革浪潮一浪接一浪，但不少的经销商仍然认为：我做的就是渠道，产品能够到达下级客户的仓库、货架就行了，至于其他的什么终端推广、促销等有利于提升分销深度及绩效的事，还是厂家做更合适。

所以，对于经销商而言，让我送"新娘"可以，但是拒做"嫁衣裳"。

第二，给了支持我才动。

"如果不能提供合理的销售网络支持和有效的销售管理经验，这样的厂家即使来求我，我也不会心软。"这是一个经销商对我说的话。

他为什么这样说呢？因为他以前上过厂家事后不兑现、不冲抵相关市场费用的当；因为他手上不只有一两个产品，对谁重视取决于他自己；因为在他的软磨硬泡之下，已经有厂家加重了支持力度；因为他认为自己比厂家更能熬，等等。

这是众多经销商的共同心态。这里所说的销售网络支持又主要包括些什么呢？除了新产品、广告宣传、促销活动、终端开发、增派业务员助销、确保利润等之外，还需要营销思路及管理经验等方面的软支持。

第三，对产品信心不足，怕有投入无收益。

这对广大缺乏市场支持资源的市场弱者们来说，也是比较常见的一种情况。而为了索取一定的支持以强化自己的信心，为了应对厂家提出的减小运作风险的各种条件，一些经销商也会向厂家要求铺底、提供进场费及更多的广告促销等支持。如果厂家不能满足他们的要求，他们宁愿牺牲销量——通过人为提高产品价格以增加利润，也不愿意去做投入稍大一点的冒险。

第四，服务没做好，影响放手搏分销。

曾经有个做灯饰的经销商这样对我说："我们主要拼服务，

专门配备了免费的专车接送客户、上门安装,实行一条龙服务。要是售出商品有问题,顾客一个电话,我们就能派人上门服务,反应速度不比110慢。可是我们的厂家呢?不但产品质量把关不严、配件跟不上,客户反映的问题得不到及时有效的处理,而且市场保护措施也做不到位,时不时就会出现跨区域串货的问题。"

面对这位经销商以及有着类似经历的经销商,厂家应该警惕,由于自己的后台服务跟不上,使经销商的利益得不到保障,他们又怎么会响应号召,充满信心地放手搏分销呢?

第五,遗留问题没得到及时妥善的处理。

比如,经销商先行垫付的市场费用,厂家不能按时冲抵、报销;二月份就该兑现的返点,到了五月份也没有拿到手;有关退换货的问题,在合同上白纸黑字写得清清楚楚,真要退换货了,厂家想尽各种借口"刁难"和占自己的便宜;厂家的前任区域经理给了自己若干承诺,现任经理竟然不认账了,等等。

一旦发生上述情形,势必会让经销商对厂家产生对抗和抵触情绪,从而极大地影响其分销意识与积极性。

那么,以上出现的种种经销商与厂家的矛盾,如何能够得到缓解呢?

■ 如何让经销商积极起来

一谈到这个问题,许多的销售同仁,都会想到用各种销售激励及市场支持政策来应对。但是,除此之外,就真的没有别的招数可以一试吗?在这里,我们就重点谈谈除了销售激励、市场支持政策等"硬通货"以外的,能够有效提升经销商分销积极性的因素。

第一,把分销积极性作为选择经销商的一个重要指标。

在目前的经销商群体中,有不少经销商都患有先天性的分销积极性缺乏症。之所以这样说，是因为现实中确实有不少这样的经销商存在：当初接下厂家的产品，并不是为了做这个产品，而是为了让自己少一个潜在的对手；老观念难变，比如当坐商惯了，行商的迫切性也不够，即使认识到了改变的必要性，真要行动，却又在招人、添置配送工具等需要增加投入风险的事上退缩了；为完成销售计划，不是在如何拓展、维护及精耕市场上做文章，而更多的是在如何要政策、跨区域串货上动脑筋，等等。

你要提升诸如此类的经销商的分销积极性，现实吗？即使能提升那么一点点，又得花费怎样的投入、经历怎样的周折呢？因此，为了避免发生上述状况，厂家为何不将事关分销积极性的因素作为选择和调整经销商成员的一个重要指标呢？

第二，把经销商的利益当作自己的利益来重视。

分销更多指的是过程。当营销已经进入精细化的时代，在经销商越来越成熟的时代，任何只知道向经销商要销量的想法都是难以如愿的，而且会遭到惩罚。厂家要想得到更多的"善报"，就必须更加在乎和重视经销商的利益。比如，经销商的业务员在展业技巧、客情维护、陈列知识等方面存在不足，厂家就要协助经销商去提高其业务员的业务素养；如果经销商在库存管理、业务员管理及客户维系等方面存在问题，厂家就要协助经销商堵住这些漏洞；如果经销商的销售后勤部门与销售部门之间存在配合不好的症结，厂家就要协助经销商做出解决问题的方案。

也就是说，我们需要改变自己过去服务与管理经销商的习惯，而是要围绕市场动销，将自己的工作重心做更多的下移。不仅仅是改变只盯结果的老毛病，还需要在自己的产品上集中注意力，还要关注经销商经营的其他企业的产品。比如，多留意其他企业产品销售的不足之处，并与自己的产品销售作比较，然后讲给经销商听。如果让经销商觉得我们比其他企业更重视他们的现实利益和发展大计，岂不会让他们在我们的产品销售上更长精神、积极性更高?

当然,除了这些之外,我们还需要在退换货的处理上做到更有理有据(比如合同条款更明细,政策的制定与宣讲更到位)、更公正,也不要等到经销商提出要求之后才行动,主动过问更有利于提升经销商的分销积极性。而在返点及市场支持的承诺上,也要在充分结合自有产品的市场地位、行业现状、销售计划、企业自身的能力以及分析已知和未知的风险的基础上,谨慎地做出决定,而不是为了一时的刺激就拍着胸脯信口开河地许下承诺。当真正到了要兑现承诺和处理一些遗留问题的时候,不管自己有没有及时兑现和处理的能力,也要尽量少推、少拖、少刁难,一定要拿出诚意与经销商交心,坦诚面对、肝胆相照毕竟更能笼络人心。

第三,用管理提升经销商分销积极性。

一说到管理,厂家最紧张的恐怕就是经销商串货与砸价。那除此之外,就没有其他需要管的吗?其实,厂家还需要重点注意以下两"管":

其一,管理政策和关键性销售指标。以前,不少经销商也存在着分销积极性不足的问题。后来,将返利及扣点与销售网点的拓展与维护、空白区域的开发、薄弱市场的提升,以及终端陈列、市场支持费用、促销品的使用、销售毛利、即期产品的处理、新老产品在总销量中的比重等指标挂上钩后,许多经销商的分销积极性得到了极大的改观。

这给我们带来了什么样的启示呢?那就是企业的销售政策应该尽量与影响分销质量的关键性销售指标联系起来,力求更有针对性、更精细化。

其二,管理自己的脑、嘴、手、脚。主要是指:对于经销商在销售队伍业务素质、经营及管理水平、公司整体业绩的提升,以及在市场保护和双方合作过程中一些问题的处理上,厂家要多为经销商着想，多过问、多沟通、多建议，要勤动手脚助促销、做好"传帮带"等，以此来让经销商与自己贴得更近，从而更好地配合自己的分销要求。

当然，通过倒着做渠道或有效启动消费需求等手段，也可拉动经销商的分销积极性。

第四，在分销体系中建立起"催人跑"的竞争机制。

这个竞争机制的重点包括两个方面：

其一，架构更利于提高分销积极性的渠道格局。经销商的渠道过长、经销商过密，都会导致销量及利润的问题而影响到经销商的积极性。一个市场，不论是独家经销还是多家经销，既要让经销商有销售空间，又要让经销商感受到落后就会"挨打"或者被淘汰的压力。

其二，货不能串，经销商却要"串"起来。我们可以通过褒奖先进、鞭策后进的方法来树立好坏典型；通过经销商分销质量的评比、陈列质量的竞赛、终端不断货的比拼、经销商之间的联谊等方式，让天各一方的经销商们"串"起来，让他们在交流中互相取经、一起提高；还可以利用人们好争气、争胜的本性，在激励先进者继续上进的同时激发出后进者的雄心。也就是说，我们应当在传统的企业文化之外，建立起让经销商充满干劲的渠道文化。

在本节及前面一节的内容中，我们提到了许多与销售政策相关的内容。为了更好地方便大家运用销售政策及其相关的一些办法来激励与管控好经销商，提升它们的积极性，在以下的延伸阅读中，我将与大家分享：我和一家食品企业老总的相关信函内容。当然，为了便于大家阅读，信函是经过一定整理的；同时，出于众所周知的保密原因，一些细节也不便透露。

■ 用销售政策管理经销商的积极性

企业老总的来信：

关于销售政策方面的一些问题，我是比较困惑的，想请您帮着参谋参谋，设计一些框架性的政策条款。

1. 公司的股东们在设定原来的价格体系时，主要考虑的是成本核算、期间费用水平以及利润预期——当初在作利润预期时是偏于乐观的，因为他们当时认为这个产品很快就会上量。

现在，我感觉经销商的积极性也不是很高。比如，现在一般商场的费用率都在10%左右，南方市场可能更高一些。在进入新市场的初期，我们为减轻经销商的压力，考虑与经销商各分担50%的进场条码费用。但经销商总会想办法来让我们多负担些，可能也是无奈之举吧。

事实上，我们的价格体系也已经做过几次调整，但每次市场反应都不好，既无奈，也有些随意。其实，现有的几个主要市场目前执行的价格体系确实还存在着差异，为此我很伤脑筋。

2. 现有销售合同，一般有如下支持性条款：2%的不退货补贴；1%的品尝品补贴；免费配送的到岸价格；2%的基本返点，超额部分另有梯级提高的返点率。除此之外，给每个市场留有5%的促销费用，但由销售人员掌控（和其业绩考核挂钩），主要用于堆头、端架、促销品、导购及一些特价方面。

3. 我们以前有试着做铺底，但由于双方对市场的期望值不一样，标准难以统一，效果也不理想，因此才改成了后来的分担进店费用的支持办法。事实上，我觉得前期是可以给予铺底政策的。经销商一般不愿意承担经营风险，自然会提出这种要求；而我们想与经销商共同承担前期进入的风险，想让他们也投入一些。这就是双方分歧所在，也是合作刚开始就互相不信任、斗心眼的根本原因。

我想让双方为一个共同的目标而站在共同的立场上，就必须解决这个问题。可是，究竟应该怎样铺底呢？

4. 关于账期等管理，我也想请你给设计一个框架性的政策条款。

其实我分析经销商的心理，无非是担心两方面：一是产品无市场号召力，费半天劲不见效；二是由此产生的投入打了水漂。如果我们在一定程度上解决了前期投入的负担问题，他就只剩下担心辛苦而没有回报了，这样他的压力就会相对小些。

实际上，我们在新产品的设计上也在想如何解决号召力的问题，因为我们也担心一旦产品卖得不好，经销商一定会提出退货。

同时，我对目前的销售政策也很困惑，基本政策是我的前任（总经理）确立的框架（但他在任上的时候，也无法完全按这种条款落实，多有法外开恩的例子）。但是它已经作为年度预算的基础，得到了股东会的确认。说实话，限于企业的实力，目前以这种条件开拓市场，做得很辛苦。经销商的积极性不高，销售人员的积极性也不高，都没有很明确的方向，这也是我下决心要尝试新产品的原因。

其他想法我们再继续交流。

我的回信：

您对经销商的心理分析得没错。也正是因为如此，我才有了这么一个想法：调整总的利差及支持体系，多用管控和刺激的方式从整体上来提高经销商的利益和积极性，加强对其的控制力。

我想这里面有这么几个特点：

其一，杜绝以前随意性比较大的隐性政策，这可能会造成潜伏的危机；将总的利润操作空间及销售政策清晰化，让我们和经销商都心里有数。

其二，原有的产品价格体系可以维持不变，但增加管控过程中的利益控制点，刺激经销商对影响市场运作质量的重点环节给予足够的关注，提升其积极性。

其三，给予经销商总的利润操作空间看起来可能变高了，但其中的一部分利益，经销商只有做得符合要求了才能得到，也就是说经销商并不一定会得到那么高的利润。

下面从铺底开始说起。

1. 关于铺底

我是这样考虑的：企业可以进行铺底，不过铺底需要和进货政策联系起来。

- 提供一定份额的铺底，但要与现款现货联系起来，刺激现款出货。

- 铺底费用控制在产品利润范围之内。比如，首次进货20万元，可以提供20%的铺底（这个20%就意味着企业的利润一定是在20%以上的，这样才能避免亏损的风险）。

- 但是铺底带来的风险不能由我们一家承担，经销商也需要分担，要把铺底转化为经销商的压力和动力，并减少自己的损失。具体的分担办法可以考虑：凡是不能在规定的时间达到规定的铺市上架率，需要经销商全额承担的货款范畴；凡是出现一定时间、一定次数的断货情况，铺底的等额货款需要经销商承担百分之多少。

2. 关于账期

一说到账期，就牵涉到赊销的问题——赊销的产生和品牌影响力的大小、产品力的大小、市场支持力度、销售政策等有比较大的关系。但是，我们前期的努力都要尽量向现款现货靠，尽管这存在一定的难度。

- 设定现货价和信誉额度内的赊销价两个价格。现货价给予一定额度的折扣，折扣不在当月以实物冲抵，隔一两个月再以实物兑现，条件是不得出现跨区串货和砸价。赊销价高于现货价，让不同理念和现金流的经销商选择适合自己的方式。

- 制定一个年度的总赊销额度，分配给各区域市场，并视具体情况适当缩、放，将可能产生的呆坏账风险控制在一定范围内。
- 账期力争控制在×天以内，最终应收账款的回笼时间不超过信用期限的1/3，即不超过×天。超过之后，要采取加紧催讨、提高滞付金、扣除与拖欠货款相对应的扣点、停止供货等措施，尽量降低风险。
- 强化信用评估和中间的赊销动态跟踪，每3~6个月对客户重新评估一次。
- 采用多批次少量发货与单批次订单部分赊销相结合的政策。多批次少量发货，这会增加我们的物流成本，但相对单批次大量发货的赊销风险会相对小一些。单批次订单部分赊销，比如一个订单10万元，其中最多有5万元可以设为赊销，尽量降低风险。
- 赊销部分的货款需要经销商提供高于当时贷款的利息补贴。
- 与已设定的不退货补贴相结合，在信用期限内按实际订单回款，而不是卖多少结多少。与前面的措施一样，这样做有利于控制经销商的不理性，从而使其按市场实际需求进货，以减小串货、砸价等压力。当然，必须要压货的时候，企业还需做出相应的调整。
- 与延迟回款相对应，设定提前或按时回款的奖励措施，奖励延时兑现。
- 与销售人员的考核、报酬挂钩。
- 每个月梳理赊销及应收账款表单，多部门参与。

3. 关于其他销售政策

前面，我们提到了铺底、账期，这些都和销售政策、市场支持和给予经销商的利润操作空间有关系。

因此，在产品的价格体系及销售政策上，我认为我们可以微调甚至维持目前的价格体系，但是增加一些经销商的额外利益。比如，除了承担一部分进场费、免费配送到岸、不退货补贴、品尝补贴、基本返点、促销支持等之外，企业再增加铺市率奖励、陈列奖励、不断货奖励、铺货支持、适当的账期支持、回款奖励、业务员补贴、单店销售最大的奖励、销售提升奖励等（当然，这不一定全部都要加上去，而是需要权重后做出决定），从整体上提升经销商的利润操作空间。我们将其中的许多激励措施和年终扣点一起发放（一些项目还可以考虑提供利息补贴），同时结合是否出现串货、砸价等行为来进行扣减，促使高利润操作空间成为经销商做市场的动力而非乱市场的诱因。

当然，我们还可以针对产品本身、市场潜力、销售势头、上市时间不同的单品制定不同的利润操作空间，而非大一统。我想这样做，咱们也不至于违背您前任及董事会已经确定过的一些东西，比较好通过；同时，又能对企业的市场运作过程带来实实在在的好处，还能解决经销商和业务员积极性不够等问题。

给经销商带去的总利润操作空间具体到什么额度，我想应该从新品类、新产品及高端产品等不同的角度来看待这个问题，比如，前期对经销商的刺激大一点是不少新产品采取的一个策略，为的就是迅速打开市场。同时，地区之间的政策差异一定要控制，通过新政策的完善，尽量保持各地市场的平衡，以免祸乱。

下面是其他一些销售政策的条款框架。

其一，确保经销商经营本公司产品的毛利润总点数达到×%以上。

其二，基本返点政策。结合已经施行的坎级返点政策。注意两点：一是将目前单纯的年返，调整为年返与季（度）返并行。这样做的好处是：有钱可以快点到手，有利于经销商在一年四季中保持一贯的积极性，有利于规避经销商年底为完成任务，采用违规手段扰乱市场，增强了返点的作用力。二是将目前各个产品笼统打包返利的政策，调整为针对不同单品（系列）制定不同的年返、季返点数。这样做的好处是：针对性提高，对利润高的产品提高返点，对重点推广的产品提高返点，对利润相对较低的、容易走量的、相对低端的产品调低返点；受返点率不同的刺激，让经销商对一些暂时难以起量的重点推广产品也能给予足够的重视，而不会因为人为原因导致潜力产品被淘汰。但不论何种返利政策，公司在结合销售目标、时间等方面综合考量经销商之外，还要管控经销商的行为——是否有砸价、串货等现象发生，这样才能让返利政策越返越有利。

其三，信用评估及授信政策。账期及信用期限政策，我们上次已经提过，请参考上次的意见。这里针对信用评估，提供一个表格给您参考（表格在本书中略）。不过需要注意的是：

- 每一个季度，结合经销商对公司产品的重视程度、执行公司销售政策情况、送货和服务功能、不良记录等多项因素对信用等级进行再评估及修正。

- 对公司产品的重视程度高，则信用等级较高；如果将公司产品与其他公司产品同等对待，信用等级降低；如果不以公司产品为主，公司产品仅仅是辅助经营项目，或者仅仅是为了丰富产品结构，信用等级更低。

- 如果客户对下级客户开展送货服务，出现断货及违反陈列规则的情况很少，出现不正常退场的情况也很少，信用等级相应提高。反之，信用等级降低。

- 如果客户未能很好地执行公司的销售政策，如经常倒货、低价倾销等，信用等级下降。

- 如果客户在期间内有过不良记录，如欠款不还等，无论欠款对象是本公司还是其他公司，信用等级都应降低。

其四，过程奖励政策。本公司确保给予经销商的过程奖励不低于×%。具体的过程奖励政策构成如下：

- 铺市率奖励×%——产品入市一个月内铺市率达到×%，按前两个月销量奖励×%。
- 陈列奖励——每季度达到并维持本公司陈列规定的（陈列位、排面、畅销品陈列最大化，促销品优先，进场产品组合），按季度销量奖励×%。
- 不断货奖励——每个月的断货情况不超过两次，畅销品的断货不超过一次，按当月销量奖励×%。
- 经销商系统单店销量前十名的奖励——每个月评比一次，统一按该店的销量证明给予单店销量进入前十名的经销商奖励，奖励额为该店当月销量的×%（需经销商提供报表，掌控经销商情况，鼓励经销商在销量及利润贡献潜力大的卖场做到销售最大化）。
- 经销商系统销量提升前三名的奖励——每季度评比一次，第一名按当季度销量奖励×%，第二名×%，第三名×%（需经销商提供报表，掌控经销商情况，在经销商内部形成竞争机制，激励与鞭策大家想办法提升销量）。
- 经销商系统库存优化奖（前三名）——每个月评比一次（以安全库存系数、即期产品数量的多寡、先进先出、库存规范等为标准），统一按当月销量奖励×%（控制经销商库存情况，缓解库存及即期产品所可能带来的串货、砸价风险，帮助经销商制定更合理的订单量）。
- 及时回款奖励——当月及时结清货款的经销商享受月总销量×%的回款返利；连续90天无应收账款的经销商享受90天总销量×%的回款返利；全年无应收账款的经销商享受年总销量

×%的回款返利；出现一次拖欠货款行为即取消当期回款奖励，若下阶段货款仍未结清，无法享受回款奖励。

以上奖励政策的执行情况由区域主管或业务代理进行抽查。

其五，新品推广政策。如果经销商积极配合公司推广新产品，除了享受常规返利外，额外享受新产品推广×%的返利（高于老产品年返）。

其六，市场保护政策。包括产品出现质量问题的补偿、对砸价串货的处理、断货补偿、调价补偿、假货处理、调货政策、季节性压库补偿等。

而产品价差政策、费用报销及冲抵政策、市场支持政策等，在这里略去。

突破对手的封锁

企业不论大小、强弱，都会有自我保护意识，它让每个企业都穿上了或厚或薄的盔甲。对那些在市场上处于强势地位的企业来说，为了保护自己的既得利益，都会构筑起高大、坚实的门槛，将竞争者拒之门外。

因此，当市场弱者们想要进入市场、分一杯羹的时候，总会发现商场、超市里面的黄金陈列位早被强大的对手所占据，而有些街头小店甚至也和强敌们签订了专卖协议、有奖陈列协议；当弱者们尝试渠道多元化、准备运作餐饮特渠的时候，可能又会发现，那些可恶的对手不是和餐饮商签订了买店、包场协议，就是将进场门槛提到了自己难以承受的高位。

面对强敌在渠道上的层层封锁，弱者们的突破之道在哪里？这就是我们即将展开探讨的重点。

■ 从对手的薄弱环节下手

攻击对手的薄弱之处，正是广大弱者崛起的有效法则之一。在突破对手渠道封锁的过程中，具体该如何攻击对手的薄弱点呢？咱们来看看一个和青岛啤酒有关的案例。

一说到青岛啤酒，大家都会想到它是中国啤酒市场名列前茅的大品牌，现在的我们难以和它比！但是，再强的品牌都有可能称弱的时候。

就像可口可乐、百事可乐到了农村市场，就得将强势品牌的头衔交给非常可乐一样，某个全国性的品牌到了某个区域市场，可能就得向当地的一个区域性品牌称弱。这次，青岛啤酒称弱的地点是北京市场，让它称弱的对象是燕京啤酒。

作为青啤的主要对手之一，燕啤在北京市场太强大了——它先后打败了北啤和五星，而后又让国际巨头米勒公司因为业绩不佳的原因5年内换了5个总经理，但最后还是铩羽而归。几番攻守下来，燕啤在北京市场的占有率竟然高达92%。

青啤早就盯上了北京这块市场。在2000年，青啤收购了五星和三环啤酒，意图通过它们撕开北京市场的口子。但是在2001年和2003年，青啤先后发起的两次攻击都以失败告终。

不过，到了2005年，青啤在北京市场的综合占有率，迅速从之前的4%上升到了15%以上。它如何创造了这个奇迹？那就是从对手的薄弱处下手！

燕啤在北京市场的营销模式主要是：通过抓大客户，即一批商向下分销。这种模式有一个重大的不足，就是对二级批发商重视不足，对终端客户难言"控制"。

而青啤就针对燕啤的这个弱点采取了截然不同的运作模式：一是重视二级批发商，发展了800家左右的二级批发商做分销与配送；二是通过建立直销队伍与物流链条，以深度分销及市场重心下沉的方式，覆盖到了北京市场约80%的终端——相当于近3万家的数量，并在各大社区举行了多达1500场的消费者深度沟通活动。

这些举措就像打蛇打中了七寸一样，青啤一下子便在燕啤的铁桶阵上撕开了一个大口子，从而获得了在北京市场更多的发展机会。而燕啤迫于压力，也不得不将其10个人的销售队伍增加到200人的规模，筹划开展了一系列的通路及消费者促销活动，并扩大了渠道专卖的针对面。

青啤的成功再一次提醒我们，企业要突破强大对手的渠道封锁，就必须清楚对手的渠道长宽、渠道政策、运作模式、利差体系、维护方式、渠道商构成及渠道人员等信息，在分析与运作中找到对手的弱点，在有的放矢的攻击中突破对手的封锁。

与此同时，对手也会因为我们的进攻而不断做出调整、发生变化，我们要做的就是在变化中谋划，继续扩大战果。

■ 自己动手，丰衣足食

我曾是成都一家食品企业的营销顾问。有一次，我跟企业的城市主管小王一起去看卖场。到了一家卖场，我发现自家的产品不但排面少，而且陈列散乱、没有规则、缺乏主次，包装袋上也沾满了灰。

我不禁扭过头来问小王："沾满灰的产品是不是会给人产生不好卖、不想碰的感觉？带了抹布没有？"

"没有。"小王点着头，迟疑了一下回答道。

"把对手的产品往旁边挤。"我一边说，一边带头用手擦拭包装袋上的灰尘，并把自家的产品推过去挤占旁边某个竞品的陈列位。

"这样做，卖场怕不允许。"小王有些迟疑。

"如果卖场的工作人员都是劳模，都是长着一双火眼金睛的齐天大圣，都把对手的陈列位当成神圣不可侵犯的领土，那肯定搞不成。可是，他们是吗？他们不是！"

……

而在另一个卖场，看到自家的产品被排在了走货量相对较低的货架底层，我不由得拎出几袋产品，随手丢在了某畅销产品的黄金陈列位上。

看着小王疑惑的表情，我解释道："要完全把我们的产品从货架底层搬上来虽然不现实，但是我们可以装着改变了购买念头的消费者，拿起我们的产品，然后又随意丢在竞品的陈列位上，以此增加我们与消费者接触和被购买的机会。"

我为什么要在这里举这样的事例？这些事例又能给我们带来什么样的启示？

没错，在市场弱者的销售工作中，总是存在强敌把持最佳陈列位的各种渠道封锁情况，而要改变这种情况，又会面临用资金开道、难以承受之重的成本门槛——但是，只要我们拥有自己动手的意识和习惯，总能淡化和改善自己糟糕的处境。而自己动手，也正是我们突破强大对手的渠道封锁的一个有效途径。

首先，把对手用来封锁的武器变成自己的工具。

专卖、陈列奖励等，是强大对手惯用的渠道封锁办法。对一些生产饮品及相应产品的企业来说，它们还会通过向商家提供冰箱、冰柜等专属陈列工具，来稳固自己在终端的地位。不过，我们却很难见到可口可乐的冰箱里面只放着可口可乐系的产品的现象，什么康师傅、统一以及其老冤家百事可乐的产品，我们都能从它的冰箱里面找到；许多所谓的专卖店，早已成了"杂货店"，里面不乏其他品牌的产品乃至竞品。

这样的事实告诉我们，不少所谓的渠道封锁政策，由于渠道商不同的逐利考虑、竞争对手的渠道控制乏力等原因，都存在执行不下去的现象。所以，我们要做的不是碰到封锁就发怵，而是要迎上去；一旦我们迎上去，便会发现很多机会。

其次，活动切入。

我们曾经运作过一个新生的果酒品牌，走什么渠道很明确，就是商场、超市等卖场和酒店、宾馆等餐饮业这两条线。但在运作餐饮渠道的时候，我们和绝大多数进军餐饮渠道的品牌一样，遇到了两个难题：一是很多餐饮店都被其他品牌"买店"，奉行所谓的专卖；二是即使能进，餐饮商的要约条件又比较苛刻，进入的门槛很高。

如何才能跨过门槛、突破封锁呢？为此，我们联合有关政府部门及行业协会，以策划方和冠名赞助商的身份搞了一个一举多得的组合式活动——10大食客评比、10大品牌餐厅评比、10大菜品评比、10大金牌服务员评比等，从而顺利地让自己的酒成为了大赛的指定用酒，然后又以较低的推广成本顺势进入了久攻不下的餐饮渠道。除此之外，我们还有计划地进军酒吧、迪厅以及婚宴等渠道，通过新途径的突破来赢得机会。

这个案例提醒我们，当我们在渠道的开拓及运作中遇到层层阻拦的时候，运作有针对性的活动以及开辟新的销售通路，或许正是我们撕开口子的有效途径。

再次，联合促销。

与顾客高度重叠的关联产品品牌（尤其是那些大品牌）进行联合促销，同样也是我们突破对手封锁的办法之一。我们在服务一个方便食品企业的时候，就运用过这个办法。

最初，商场超市是这个产品的主渠道，但问题是陈列位普遍偏差，严重影响了销售。为了改变这种局面，企业就必须改善自己的陈列质量。但是，好位置都被对手占据了，一下子找不到合适的位置可供调整。如果去做堆头、端架，成本又难以承受。

后来，我们设计了一个与某大品牌捆绑促销的活动，出于方便消费者购买、确保促销效果的考虑，乘机将自己的产品搬到了这个卖得很好的产品旁边，并且专门为对方的促销人员设计了一套销售激励方案，充分利用了对方促销人员的力量引导消费者购买我们的产品。这一招很好地帮助我们改变了之前的不利局面。

说到这里也许有朋友会问，小品牌哪有那么容易和大品牌联合的？这种担心当然是存在的。但是，一旦你的产品能和对手的产品在定位上一致，针对的是同一主力消费群，又是消费者多种互补性需求之一；在品牌地位上尽管存在不少差距但形象正面；抓住了对方怕自己与其竞争对手联手的弱点；设计好了足以打动对方的促销利益点……这些都为我们的捆绑成功增加了可能。

捆绑、联合是借势、借力的一种方式，而对象通常都是那些关联产品及品牌。但在实际的销售工作中，我们借势、借力的对象并非仅有这么一种，那些强大的对手同样可以成为我们"借"的对象。

■ 借力打力，顺势突破

现在的许多中小企业，吸取了若干的经验教训之后，都形成了找经销商要尽量"门当户对"的思想。考虑到我们的渠道控制能力、资源应对能力等因素，这确是一种务实而可行的做法。

但是，我们也应该明白，世事并无绝对。强敌的渠道系统内那些堪称强大的经销商，甚至还可以成为我们突破强敌封锁的途径——尽管，已经有很多的大企业、强势品牌都和自己的经销商签订了类似专卖的排他性协议，比如，宝洁甚至还会以专营、专注为标准，直接将旗下的"花心大萝卜"清理出局。

在这里，我们要关注这么两点信息：一是强大对手们运作市场多年，产品透明度高，利润比较微薄；二是经销商做大了，话语权就跟着大了，也不怕把某些约定抛在一边，而厂家通常都很忌惮,手上举起的刀也会在左思右想之下难以下落。

这些都成了我们利用对手的渠道成员反过来突破其封锁的机会。比如,火腿肠领域的某新兴企业,出于寻找强势经销商以利用其强大的网络资源快速渗透市场的考虑,依仗更高的利润体系、铺市期间更优惠的销售政策及促销支持,一开始就把目光放在各区域市场的大经销商,而且是那些经营过竞品或正在经营竞品的经销商身上——尽管多数合作都不理想,但也不乏例外。在北京市场,这家企业的经销商就是某知名大品牌在当地的总经销,第一年做下来也给企业挣了两三百万元。

不过,就大多数的中小企业而言,想借助对手的经销商来突破对手的封锁,所面临的挑战亦不小。这里面有一个非常明显的挑战就是:对手会通过自己的销售人员,采取威逼利诱、断货、取消返利、停止支持等手段,逼迫经销商们收手。

如果我们碰到这样的情况,又该怎么办呢？这里有几点建议供大家参考。

其一,"负心人"公关——一个企业运作渠道的时间稍微长一点,就难免因为与各经销商之间关系的远近、市场支持力度的差异等问题,而让其中的一些经销商满腹牢骚,变成最易发生背叛行为的"负心人"。这些经销商连带那些不受控制的大客户,应该成为我们重点公关的对象。

其二,渠道置换——比如,我们是做酱、醋产品的,在四川的渠道很强,但现在要运作的是对手势力很强的重庆市场；而另一个做味精的企业在重庆的渠道很强,并想攻下势力薄弱的四川市场。这个时候,依托彼此的强势渠道,我们协助它做四川,它协助我们做重庆,同样可以作为一种突破对手封锁的方式。

其三,另立山头——有些经销商既不想让我们的对手抓住把柄,又不想放弃我们的产品,如果这些经销商确实认可我们产品的前景,认同我们的市场运作理念,觊觎我们的产品所带来的利润保障，不妨有意识地建议它们另立山头，成立新的公司运作市场。

其四，鼓励"外援"——对需要多层级运作的渠道体系而言，市场要动起来，通常都离不开二级批发商等渠道的畅通。用我们现在还缺乏品牌号召力的产品，去冲开对手比较稳固的渠道，会存在一定的难度。但是，如果正好有人带着更有竞争力的产品冲进来，就会比我们容易在对手的二级批发商等中间商身上找到突破口。谁能成为这样的伙伴呢？当地市场的不行，就找外地的经销商。如果这些经销商刚好将开辟周边市场、扩大势力范围纳入了自己的发展计划，而我们又能提供相应的支持，彼此间就能提高共同"攻城拔寨"的契合度。

说到这里，有必要提醒广大中小企业的是：强大对手的经销商对我们而言，就像是一把很重的"大刀"，除了在产品前景与操作理念的认同、更高的利润支持和更周到的服务等方面下更大的工夫之外，再难有更多的力量来玩转它。所以，当我们打算借力打力的时候，一定要慎重。当我们难以玩转对手的经销商的时候，把对手那边可以帮助我们在终端上有所作为的优秀销售人员挖过来，也可以成为我们的一个突破口。

除了以上内容之外，进行渠道创新、创建独特销售渠道也是我们突破对手封锁的一种思路。

3 谈好与分销商的"恋爱"

企业与分销商的关系,就像一场永不谢幕的恋爱。只是,双方都有些朝秦暮楚的花心本性,都希望通过强化内在素养、扮靓外部形象等魅力修炼去力争吸引够靓、够俊、够有钱、够有身份乃至足够忠诚的主儿。

这对广大中小企业而言,是一件并不容易做到的事。因为对中小企业来说,资金实力不足会导致市场支持力度不够,品牌价值不高导致销售拉动力欠缺,在资源掌控上的短板使自己在"恋爱"中处于弱势地位。

那广大中小企业究竟该如何谈好与分销商的"恋爱"呢?该如何减少甚或避免"恋人"的花心与负心呢?下面,不妨让我们从JH品牌的遭遇中汲取经验和教训,来反推如何谈好一场多角关系的"恋爱"。

■ 遇人不淑的遭遇

JH品牌是个小食品领域的弱势品牌,其以速食鸡翅、鸡腿、鸡爪及牛板筋为代表的产品年销售额不足1200万元。在本省市场积累了一定的原始资金后,JH品牌决定让自己风味独特、地方特色浓郁的产品走向省外,进入更广阔的市场。它首先选中了以成都为中心的四川市场，于是招商被提上了日程。

JH 品牌与多个成都商家进行了几番谈判，不是因为对方嫌自己产品利润不高、品牌过弱、市场支持力度不大，就是自己嫌对方要求过高而未能将四川市场的总分销商确定下来。

面对势利商家的刁难，JH 品牌的老总很是无奈，这时他想到了见过几面的朋友邓某和他的 HG 公司。HG 公司在成都、重庆、贵州等地皆有分公司，其每年 1.5 亿元以上的销售额使 HG 在整个西南食品流通领域都具备了一定的影响力。

它能接纳自己吗？要是 JH 和 HG 合作上了，自己在整个西南市场的布局岂不是容易多了？心里打着如意算盘，但又犯着嘀咕的 JH 老总亲自登门拜访自己心仪的 HG 公司。

事实上，最终的结果比 JH 老总想象的要顺利多了。因为，HG 的邓总想到自己反正都已经修建好了一条堪称"高速公路"的销售通路，往上面多放些产品，才能多下些蛋。况且，JH 的产品本就与自己所主营的调味品、糖果等具有渠道上的互通性与共同性，自己不妨就给 JH 的老总一个面子。

就这样，JH 与 HG 最终顺利签订了四川市场的总经销合同，双方还对结算、回款、市场保护、市场运作区域、广告及促销等市场支持都做了基本的约定。

认为万事 OK 的 JH 品牌正在坐等四川市场捷报，准备大把收钱的时候，却悲哀地发现：自己的产品根本就未被 HG 公司认同和重视，根本就没有得到大力度的推广。以至于在启动四川市场近三个月后，自己的产品的市场铺货率竟然还未达到成都市场目标网点的 15%，成都周边的市县就更别提了。历经多番谈判，JH 与 HG 仍无法就各自想要的市场铺货率、市场占有率、大力度的广告促销支持和更丰厚的扣点返利达成共识。进退两难的 JH 老总真正感受到了骑虎难下的滋味，想另换分销商，可又不能主动违约，也舍不得丢弃 HG 的销售网络。

怎么办呢？实在没有办法的JH，只好从公司总部抽调了两名得力的销售干将到HG公司，以承担大部分人员工资的方式与HG共同组建起了JH产品销售部（这和渠道自营，自己做市场又有多少区别？）。但这些努力，仍因后来的人员调度冲突及前述利益关系，而未能使JH产品在HG的地位得到改善，自然也无法使自己的市场现状得到显著改观。在耽误了近一年的时间及浪费了20余万元的直接投资后，JH品牌不得不接受失败的现实，被迫退出了四川市场。

JH品牌这次与分销商"恋爱"失败的案例，引出了两个极为典型的问题：

其一，如何为自己选择更合适的招商模式？

其二，如何运用合理的利润分配，自己所掌握的市场运作及经营管理知识，自己承诺的有限广告、促销等市场支持资源激励好分销商？

■ 选择更合适的招商模式

更合适的招商模式，在这里主要是指对省级总分销商以及地州级总分销商的选择，还包括事先对合作政策的界定。

第一，对分销商的选择。

在全国具有较强实力的分销商通常都是被最强势的品牌把持着，所谓"背靠大树好乘凉"，这些分销商对于弱势品牌常常索要条件过多；同时，由于分销其他品牌产品过多，在对某个品牌的市场推广上难免精力过于分散，如HG之于JH。

因此，对弱势品牌而言，选择省级、地州级的中小型分销商就较为合适。这是广大弱势品牌在选择分销伙伴时，首先需要注意的一点（在本章"有效提高渠道的反应能力"一节中将会有更详细的阐述）。其次，通过JH品牌的遭遇，足可看出，分销商选择的对错直接关乎一个产品在某区域市场的成败。所以，在对分销商的选择上，我们需要慎之又慎。

选择合适的招商模式，落实到具体的选择依据上，就是要求弱势品牌从传统的考察商家资质、经验等相关条件，上升到量化相应指标（而非条理化相关条件），此时不妨导入"政权分销商选择系数"。

公式如下：

政权分销商选择系数 = 增长率 + 网点比 + 差距比 + 资信比 + 倾销串货比 + 分销比

注：

- 增长率：指待选分销商在前三年中年销售额的平均增长率。这可以看出待选分销商的市场拓展能力和市场运作的综合素质。

- 网点比：指待选分销商所拥有的终端网点在其所处区域市场的所有目标终端网点（含大中型卖场）中所占的比例。这可以看出待选分销商的渠道拓展能力与控制能力。

- 差距比：指待选分销商在上年度中卖得最差的产品品牌与卖得最好的产品品牌的销售额之比。这可以看出待选分销商的品牌认同方向与价值取舍方向，如此，可以帮助弱势品牌更好地认清待选分销商。

- 资信比：指待选分销商在上游厂商中没有发生过的较大资信问题数与所发生过的较大资信问题数之比。这可以看出待选分销商的回款信用等资信程度。

- 串货比：指待选分销商上年度没有发生过串货的产品品牌与其所有分销的产品品牌之比。这可以看出待选分销商的规范运作能力与市场控制能力。

- 分销比：指待选分销商不是区域总分销的产品品牌与其

所有分销的产品品牌之比。分销比越大，就意味着当其接到一个总分销产品品牌时市场推广就可能更努力。这是为地州级待选分销商专门增设的子系数。

在运用"政权分销商选择系数"对待选分销商进行选择的过程中，某待选分销商系数分值越高，就说明其条件越好，越能适合做某目标市场的区域总分销商。

在"选择系数"总分值的构成中，哪个子系数越低，就说明企业在今后的运作中，应该对该分销商与此子系数对应的相关要素进行重点把握和防范（对该系数感兴趣、欲知更详细及具体运用的朋友，可参详作者的《成就优势渠道：如何提升渠道的合理性、控制力、效率及竞争力》一书，在那本书中对"资信比"的阐述有误，请以本书为准——作者注）。

第二，对省级、地州级分销商的招商顺序。

在JH品牌案例中，JH之所以会惨败出四川市场，这和它未能启动起成都以外的周边市场亦存在莫大的关系。

为了防止更多的弱势品牌出现单招省级总分销商，而省级总分销商向地州级市场推进不力的情形；为了尽量避免今后因自己与省级总分销商合作的破裂，而失去对目标省份市场的控制；为了使产品在最短时间内铺向最大化的目标区域市场，应将对地州级分销商的招商尽量纳入自己的招商工作范围内。

但若同时对省级、地州级分销商进行招募，势必又意味着巨额招商费用的支付和招商周期的延长。因此，比较适合弱势品牌的做法是，先确定省级分销商，然后联合省级分销商进行地州级分销商的招商，最后再将这些纳入自己分销体系的商家交由省级分销商管理（当然，这和产品的市场定位及目标消费群体存在一定的关联）。

但是，上游厂商一定要注意协助管理并掌握好各地州级分销商的相应情况,以防自己今后与省级分销商的合作发生变异而导致市场变异。

第三,事先明确与分销商的合作政策。

通过细究 JH 品牌与 HG 公司合作失败的案例,我们不难发现,双方未能在事先就明确利益分配、单位时间内的铺货率、销售目标预期和市场支持等利害关系,可以说已经为 JH 与 HG 的不欢而散埋下了伏笔。

事实上,对游戏规则的界定、落实及执行情况的好坏,就是影响厂商双方合作情况好坏的一个主要因素。其实,厂商达成合作协议及愉快合作下去的过程,就是双方互相妥协、寻找最佳结合点的过程。关键是,上游弱势厂商要在招商政策的制定中,结合弱势品牌行销中的普遍游戏规则及自身的市场运作理念,界定好进货政策、回款政策、价格体系政策、退换货政策、赠品政策、市场支持政策、考核与监管政策,等等。

总之,不要因为既怕错过某些条件不错的分销商,又想使和约条件更有利于自己,而使和约中的某些内容模棱两可。

■ 对分销商的激励与监管

如何激励分销商,使其充分发挥出市场运营能力的潜质;如何监管好分销商,使其保持良性的力量,别给自己的市场发展添乱子,永远都是广大上游厂商们一道越不过的难题。

在这种背景下,如何做好分销商的激励与监管,如何使自己始终在"恋人"面前保持尊严和魅力,对于广大中小企业来说,尤具挑战性,更具现实意义。

首先,是对分销商的激励。

即掌握好分销商追逐利益最大化与发展的内心渴求,增加分销商的向心力，促使双方成为更紧密、更平稳、更具备市场"杀伤力"的利益共同体。

对大多数弱势品牌来说，它们与 JH 品牌一样缺乏号召力，缺少广告、促销等市场支持，除了要在分销商的选择上避免重蹈 JH 的覆辙外，在满足与实现分销商内心渴求方面，关键就是：运用好自己的价格、扣点返利等利益分配方面的政策，做好为分销商提供市场运营、经营管理方面的支持等有利于分销商长期受益和共同发展的工作。

合理、及时的利益分配主要涉及以下问题：

1. 可行的价格利润体系。

绝大多数的弱势品牌、中小企业在价格利润体系的设计上通常都过于粗糙，往往在制定好总分销价、出厂价（一般和一批价同）、二批价、零售价等几大价格政策后，忽略了对总分销商、二级分销商利润的保护。实际上，企业只有在保障了总分销商、二级分销商、大中型超级卖场的利益的情况下，渠道才能更畅通与有序。

比如，要求总分销商按出厂价出货，但要对总分销商的进价保密；在对二级分销商执行出厂价后，要制定超市批发价、团体消费的团体批发价（高于对商业单位的正常批发价）、散客消费零售价（比小型超市、便利店、杂货店的价格稍低），等等。

2. 适合的扣点政策设计。

在目前的扣点运用中，通常有着：保底式价格（在保证自己利润的前提下，其他价格任由分销商想定多少就定多少。运用此种扣点政策的产品被淘汰率及速度往往较快，多适合短平快操作）、明扣（大家都知道扣点是多少，有利于促进分销商的出货能动性，但这也极易造成分销商为达目的不择手段地串货、低价倾销等乱市现象）、暗扣（通常只设定扣点上限，而不明确扣点到底有多少。由于分销商心里没底，难以调动分销商的积极性，弱势品牌不易操作）、明暗扣结合（公布明扣的数据，促进分销商的积极性；掌握一部分暗扣，有利于进一步发挥分销商的主观能动性，并能对分销商形成威慑，使其不能轻易"使坏"）、分级式扣点（业绩达到某个级别就享受某个扣点，对分销商的积极性和保障级差利润体系皆有促进作用）。

纵观这些扣点政策的优劣，不难看出其中的明暗扣结合与分级式扣点两种方式，对弱势品牌、中小企业们显然更为适合一些。

3. 仍然不能忽视按劳分配、优胜劣汰的原则。

尽管市场中的弱者们选择的分销商大多是一些中小型商家，但是产品在这些商家中所面临的困境同样不小。

比如，其他厂家的产品利润更大或广告、促销等市场支持更多，自己的产品就极有可能遭受冷遇甚至被打入"冷宫"；因为每个商家市场运营能力的大小及资信有异，很可能出现原总分销商不再适合其在分销体系中所处的位置，而某个下游分销商更合适的情况。

从市场收益及长远角度考虑，企业就有必要在此时调整总分销商。奖励先进、鞭挞后进，这实际上是对分销商内部竞争机制的构建与运用。

4. 兑现自己在广告、促销等市场支持上的承诺。

不过，企业在对分销商支持力度大小上的考虑，除了要参考行市阶段、竞争状况等外，还有必要结合及依据分销商的销售量预期与实际业绩等情况做出决定。

其次，是对分销商的监管。

1. 前述激励行为中、扣点政策、优胜劣汰等举措中都带有监管的性质。

2. 做好进销存工作。

- 必须收集、掌握及分析好分销商进货的频率与量、出货的流向、库存的多少等基本情况。

比如,在同样的市场时机和营销推广策略之下,分销商的要货量与销售量突然出现大幅度增加,就可能意味着分销商在低价砸货或串货;分销商处的库存超过了半个月的平均出货量,而分销商还在拼命要货,企业就要给自己提个醒,搞清楚分销商的真实意图;库存数超过了一个月的出货量,企业就要想办法缓解分销商的压力,以避免分销商"兵行险招",违反销售政策,等等。

要做到这些,企业就必须对销售部门、财务部门及审计部门的工作职责及工作量提出更高的要求。

- 建立、健全分销商若干时间以来的进销存档案,以便做出销售预测、分析和预知市场险情。

- 控制出货量,解决好库存。

在这方面,可口可乐的做法就很值得广大中小企业借鉴。比如,可口可乐每次的出货量仅能保持商家5天的销售。而这种使市场始终处于半饥饿状态的出货政策,不但缓解了商家的库存压力,更保障了市场的安全和有序。当然,这得结合企业自身所能承受的物流配送成本以及渠道系统的配送能力。

3. 管理二级批发商。

其一,企业在保证二级批发商由总分销商直接供货、结算、管理的前提下,使二级批发商有直接向自己通报市场情况、竞争状况及提出产品、营销推广建议的权力。除此之外,企业也应该多亲临二级批发商环节,以便更真实了解自己产品在二级批发商的进销存,知晓总分销商的作为,获取来自市场前沿地带的建议等。

其二,企业以额外培训、旅游、物质等奖励来监管好二级批发商,借此增加二级批发商的向心力。因为二级批发商是竞品扎堆的环节,二级批发商的主观能动性直接影响到总分销商的业绩及自己的市场收益。

其三，企业对二级批发商的分布区域、销售品牌（尤其是所销售的竞争品牌）、下游渠道资源、人员构成、资信等基本情况建立、健全档案。因为二级批发商极有可能就是竞争对手大做文章的环节；因为二级批发商的变化较为直接地反映了市场竞争及自己产品销售情况的走势；因为二级批发商中的某一家可能就是优胜劣汰出来的下一个总分销商；因为管理二级批发商比管理数量呈几何级增长的零售终端商要方便和容易得多。

4. 对串货、低价倾销必须严厉而及时地处理。

5. 导入"政权分销商考评系数"，对分销商进行实效评议，为奖惩及优胜劣汰提供参考依据，为更好地监管分销商提供更明确的目标及方向。

本考核系数视产品行市阶段的不同，分为市场成长期（含导入期）和市场成熟期（含衰退期）两种考评系数。

- 适合于市场成长期（含导入期）的政权分销商考评系数＝月度销售增长率＋网点增长率＋促销费用有效率＋宣传费用有效率＋回款比。

- 适合于市场成熟期（含衰退期）的政权分销商考评系数＝月度销量增长率＋回款比＋砸价倾销比＋串货比＋市场支持费用使用比＋市场支持费用产出比。

有效提高渠道的反应能力

对大多数的企业而言,都需要倚重经销商的力量来实现市场目标。因此,我们这里所讲的渠道的反应能力,更多的是指经销商的反应能力。

■ **渠道要高效,反应能力要提高**

我们和任何经销商打交道,都会在事先划出一个圈,比如什么事能做,什么事不能做;什么事可以支持,什么事不会支持,等等。只要经销商不跳出这个圈子,它们在里面想怎么跳就怎么跳,只要跳好就行了。

可问题是,许多经销商常常因为在反应能力上出了问题,不是跳不好,就是跳出了圈。比如,在我们需要提高产品的市场能见度时,经销商铺货反应慢;在我们出笼一项市场活动计划时,经销商的执行跟不上;在我们需要稳中有升时,经销商在网点维系、补理货上扯后腿;当我们需要更新市场的竞争动态和消费态势信息时,经销商迟钝、木然;当我们需要为销售目标冲刺时,经销商不知道在工作上想办法,就知道在政策上动脑筋……这些都意味着经销商的反应能力出现了问题,将会直接影响到渠道的效率，并可能滋生出一系列导致市场失控的问题。

区域经理小王的遭遇就很典型。

近一年来，小王一直觉得自己新开发的区域经销商就像一只蛤蟆，你戳他一下，他才会跳一下。

不仅如此，这个经销商不想着如何把自己该做的事做好，尽想着怎样向自己要政策、要支持。比如，前期销售一直不温不火，经销商就说产品存在这样那样的问题，而竞争品牌又做了多少广告，上了多少促销等。

事实是这样吗？当然存在很大的偏颇。销售不理想的焦点问题在于：经销商担心铺货有风险，不敢投入资源，导致产品的市场能见度太低、陈列质量太差。

经过一番沟通与谈判，铺货率和陈列质量问题得到了一定程度的解决，可是经销商对业务员管理不善的问题又暴发出来，紧接着又出现了终端拜访和维系不力的问题。

后来，市场增长出现了瓶颈，经销商认为是市场促销力度不够。可市场接受度、销售支持力度都不如自己的对手，为什么又能获得较快的增长呢？一查才知道，原来是竞品对周边薄弱市场的开发走在了自己的前面。

这个小案例告诉了我们什么呢？反应能力强的经销商通常都是积极的，会主动在工作上想办法，有较好的执行力和经营管理模式。反之，则像案例中的那个经销商一样。

那么，经销商的反应能力又该用什么来衡量呢？我认为有两个最重要的指标：一是要快，二是要准确。快，意味着经销商对旗下网络、消费及竞争态势要敏感，意味着发现及解决问题、把握及利用机会的速度。准确，意味着经销商认识问题、预谋行动要正确，执行、实施要到位。

那么，怎样围绕"快"和"准确"来提高经销商的反应能力呢？

■ 为自己找到反应能力更好的经销商

与其在合作过程中，为经销商的反应能力不佳而大伤脑筋，我们为什么就不能在选择经销商的时候，就提高一下自己的"相马"之术呢？也就是说要提高渠道的反应能力，最好就从对经销商的选择开始做起。

对于中小企业来说，我们不主张找在三个方面带"最"字的经销商——最有经验的、最有钱的、最有规模的。为什么这样说呢？

因为经验太老到，经销商在接我们的产品时，考虑的可能并不是如何将我们的产品做大，而是不管三七二十一先接下来，其目的就是为了防范竞争对手；因为钱太多，经销商就更有能力屯货，从而增加渠道串货和价格体系崩盘的危险；因为规模太大，经销商就会在更多的产品中左思右量，就会以"我是老大"的态度牵着厂家的鼻子走，就可能把我们的执行计划束之高阁。

因此，我们要找的经销商应该是有意识、有好模式、有行动能力的经销商。有意识的经销商，才能发挥更多的主观能动性去做事，才会在第一时间接受到一些非常重要的信息，就像一个内功深厚的武林高手，周边一旦有个风吹草动，马上就能感觉到；好的模式往往胜过经验与规模，经销商不会尽想着通过砸价、串货轻轻松松冲量，而是会在任务周期内通过更多、更健康的方式分解销售目标；意识够了，模式好了，没有行动能力也不行，因为我们不能指望一个头脑好使，但是肌体麻木、肌肉萎缩甚至是残废的人能有什么好的反应能力。比如，经销商老板是个能人，可是他用一帮不入流的亲戚管着市场、销售、仓储等部门，这个经销商的整体反应能力还是难以提升。

除了以上这些条件，提高经销商的反应能力还必须有一定的资金实力。要是没钱雇用好的业务员，没有能力购买配送工具，仓库也尽拣便宜的、偏远的地方设，想要他有好的反应能力也不现实。当然有不错反应能力的经销商，还得和我们在经营理念上趋同，毕竟在认识上达成了一致，在行动上也就更容易达成一致。

■ 让自己成为一个开明的上游厂商

在一场招商活动中，我们说一句"在今后的合作中，我们会充分听取大家对于产品开发、市场攻守的意见，并在此基础上做好相关工作"，就可能引来一大片经销商的感叹和共鸣。

为什么？因为有不少的企业，在潜意识里都认为自己只是借助了经销商的网络与分销能力，而把旗下的经销商当成只会动手的搬运工和执行者，忽视了经销商的分销智慧以及其来自一线的经验、思考与建议。

这会造成什么样的后果呢？当我们高估了自己的市场管理人员的能力，对市场运作计划的可行性甄别能力不强的时候，一项宣传、促销活动反而会起到反作用。如果经销商自身也缺乏甄别能力，对一项错误的计划反应积极的话，就可能导致劳民伤财、贻误市场战机的后果；而聪明的经销商则可能或明或暗地抵制，自然也难谈什么反应能力。

因此，这要求我们：不要一听到经销商提要求就头疼，以为他别有企图，而是应该分析经销商提出的意见中的积极因素。否则，一味地"把自己当成不会犯错的国王""你是经销商，上游怎么说，你就怎么办"，只会打压经销商的积极性与主观能动性。

这还要求我们：一定要重视经销商的一线认知与市场经验，

甚至还要懂得怎么去榨干他们的分销智慧，怎么在用尽经销商的"能"的过程中去掏空他们的"才"。比如，在产品的研发过程中，询问经销商应该开发什么样的产品；在产品的定位与市场企划过程中，听取经销商对消费动态、竞争态势的认识和建议，等等。

事实上，做一个开明的上游厂商，不仅会收获兼听则明的好处，还能增加自己与经销商对某些事物的认同度。就如前面所讲一样，认同度高了，反应能力自然也就高了。

■ 用服务和管理提高渠道反应能力

经销商的反应能力不佳，也很可能是因为我们在服务和管理上出了问题。

比如，当对手已经在争取用 20 天跑马圈地，抢占最有利的网点、陈列、物料使用空间，而我们的经销商还在慢腾腾地按部就班时，这很可能是因为经销商的销售人员的业务素质过低——经销商需要我们协助销售并培训销售人员。

比如，经销商漠视我们的市场推、拉计划，有可能就是因为我们不重视他们的意见，不积极处理他们的投诉，不能按承诺兑现返点，他们才使用了"不合作"的方式。

比如，当我们的销量增长缓慢甚至出现下滑的时候，很可能就是由于经销商对业务员的日常管理不力造成的，或者是对空白及薄弱市场、对新渠道开发不力造成的。

要解决因为这些类似原因而造成的经销商反应能力欠佳的问题，首先，我们就要通过提高服务水平，表达自己对经销商的重视，帮助经销商提高嗅觉与行动的敏锐性。

如果经销商的业务人员的素养有问题，我们可以代为培养或另外寻找；如果经销商的管理制度存在较大的问题，我们可以协助经销商建立、健全终端拜访、陈列与物料使用、档案管理、奖惩及其他有利于执行的制度和规范；如果经销商的脑袋逐渐失去了灵光，我们可以为经销商提供"洗脑"的学习机会。

其次，要注意减少管理的时间半径。也就是说不要等到半年、一年后才管理，而要将若干大的管理任务，分解得更细、更小。

比如，针对网点流失大的问题，我们可以设置网点增加和维系奖励，以及网点流失处罚；针对经销商忽视空白及薄弱区域的情况，我们可以在这些区域另设经销商来进行震慑；针对经销商意见反馈慢的现象，我们可以单独设置一条考核措施；针对经销商主观能动性比较差的问题，我们可以将企业内部开展的"建议采纳奖"，扩展到经销商范畴；针对经销商对库存管理不力、容易造成退换货损失的问题，我们可以采取在不同时间段内退换货适用不同的标准等措施；针对执行打折扣的问题，我们可以设置专门的活动执行奖惩措施及考核办法，等等。

总之，要改善经销商的反应能力，重点是要记住这么几"要"：选择要注意，认识要争取一致，过程要控制，肌体健全要在意（这里的"肌体"是指：经销商业务管理的完善、经销商的业务员素养的提升等）。

第三章 区域市场：建设"根据地"，星火可以燎原

1. 成为区域市场的强者
2. 完成拔高后的销售目标
3. 找到压货"喂多"之后的消化道
4. 进军规模市场
5. 获得新的销售增长点
6. 成熟市场保鲜术
7. 畅销品长销旺销的办法

成为区域市场的强者

脑白金是从什么地方做起来的？无锡！

金锣火腿肠是从什么地方做起来的？山东！

……

通过研究众多的强者的案例，我们会发现一个普遍的现象：先成为区域市场的强者，是弱者们由生存到发展、由发展到壮大的一个重要过程。

事实上，它不仅仅是一个过程，还应该成为绝大多数弱者的一项策略：在我们缺"粮"的时候，这里给我们产"粮"；在经销商要看市场时，这里是我们的样板市场；在我们还缺乏成熟营销模式的时候，这里给我们提供营销模式；在我们缺乏销售人才的时候，这里给我们培养销售人才……总之，在你想把自己的红旗插上一个又一个山头之前，先要集中兵力攻占一个山头并成为它的"山大王"，攻其一点通常要胜过长线作战。

可惜，我们身边就有为数不少的企业都喜欢来个全线出击，认为这样才有声势、有规模，结果却栽了一个大跟头。

■ **做全国市场的误区**

自从我在四年前出版《弱势品牌营销》一书后，找我们合作的企业大多局限于中小企业。这不，前不久，又来了一家中小企业找到我们作咨询。

这是一家新成立的保健品企业，一条 GMP 标准的生产线刚刚落成，除去原材料、生产等各方面的开支之外，剩下一两百万元准备用来运作自己主攻的"三高"方面的市场。下面是我与这家企业老总的一段对话：

"我们准备在四川、江苏、浙江、广东同时运作三个或四个样板市场，实现全国市场的快速启动……"

"为什么会有这样的想法呢？"尽管打断他人讲话是一件不礼貌的事情，但是，当我听到这样的话时，还是忍不住打断了他。

"一是我们对自己的产品有信心，这是最主要的；第二个想法也很简单，即使一个市场只能做到 200 万，如果做了 10 个市场，也会有 2000 万元的销售。"该企业的老总望了望我，似乎有些诧异我会这样问。

其实，即使这家企业的老总不回答，我也知道他们的想法——研发人员在实验室闭门造车弄出两个产品，或者是购买到一两个专利，就自以为产品在这方面比对手好、在那方面比对手强，一旦投放市场，光凭产品本身就能产生不错的自然销量。这里的产品更多是指"裸"产品，在前期的包装、卖点提炼、概念整合等方面，往往都还存在着不少问题。而在市场开发方面，则是认为"人多力量大"。只要在各个区域市场找到了经销商，就满怀憧憬地期待着通过经销商的力量，做到"祖国山河一片红"。

抱有这种想法的企业家，我实在已见过太多太多。我发现他们很少有人愿意去思考：经销商凭什么接纳你的产品？即使经销商接纳了，你一没支持，二缺品牌影响力，三又难以很快上量，经销商又凭什么重视你的产品？OK，就算你找到了可以"托付终生的对象"，大家同心同力，可是，你又凭什么让消费者从琳琅满目的同类产品中，挑走你的产品？你的产品具体比对手好在哪、强在哪？

说了这么多，相信许多朋友都能从中找出两个关键的字眼：资源、能力。几乎我们所有的营销行动，都要基于这两者做出决策，而它们也正是我们所缺乏的。但是，这并非悲观的论调。我只是想提醒大家：那些创造以小搏大、以弱胜强奇迹的品牌，仍然需要遵循集中优势资源、聚焦作战的原则。我们常常见到中小企业先成为区域市场的强者，然后成功走向更广阔的市场的案例，却很少见到一来就做全国市场而获得成功的例子。

■ 果敢地下达撤退的命令

邀请我担任顾问的企业，一般都是中小企业，而且其中的多数都已经在运作全国范围的市场，但是，它们目前的情况都不容乐观。

比如，一家年销售额还没超过1000万元的企业，既在运作华中的武汉、长沙市场，又在运作西北的西安、兰州市场，还在运作西南的重庆、成都、昆明市场，其中做得最好的市场，一年的销售额也不过一两百万，而其他的市场，则是以一二十万、三四十万者居多。但是，不论是在所谓的最好的市场，还是在那些"做得都不够理想"的市场，该企业都不是领先者。弱者还是弱者，这样的企业很难见到出头之日。

把口袋里有限的银子，给这个市场掏点，给那个市场掏点，结果往往就是：一个市场比一个市场"夹生"，厂家从希望变成失望再变成绝望，最终只能夹起尾巴灰溜溜地退出。而这种退出通常又是致命性的，因为企业身子骨本来就弱，直到被掏空了也没得到什么进补，自然是一病难起或者一命呜呼。

现在，让我们换一种思维。如果我们把原本打算分摊到10个市场的200万元费用集中用在一两个市场，把原本准备派往10个市场的销售人员集中安排在一两个市场，你会发现在这一两个局部市场，我们的兵力、枪炮，已经强过了大多数的对手。这样做，我们的胜算是不是提高了很多？先拥有一块能够休养生息、招兵买马、产粮产银子的稳固根据地，我们再出去争霸天下，是不是容易了不少？

这可能会让不少朋友想到中国历史上那些改朝换代的典故。汉朝的开国皇帝刘邦，被西楚霸王逼于蜀地，而后休养生息、积聚力量，最终打败了项羽，一统天下。而我们的革命先辈们也是先建立与发展根据地——做区域市场、样板市场；开会议、刷标语、发传单——做市场培育；集中优势兵力反围剿、搞突围，保存实力——集中资源聚焦做市场……最后星星之火终成燎原之势，推翻了蒋家王朝——市场的统治者，建立了伟大的新中国。

所以，我要对那些尚不具备全国化运作能力，但已经开展广域市场运作的企业，提出收缩战线的建议，以便企业集中资源及能力，把其中的一两个市场做强、做大。

可是，如何才能让企业成为区域市场的强者呢？

▍成为一方诸侯的"七板斧"

程咬金只有"三板斧"都能位列国公之列，而我们将会比程咬金更有前途，因为我们不只有"三板斧"，还有更多可供选择、组合的套路招数。

板斧一：在对手薄弱及空白的市场夺得先机。

宗庆曾经说过：在三四级市场，可口可乐、百事可乐不是名牌，非常可乐才是名牌。他之所以能这样说，很大程度上得益于娃哈哈"农村包围城市"和"避开强敌强势市场"的战略实施。这让娃哈哈在一些区域市场抢得了先机，并开枝散叶。

事实上，百事可乐在追赶可口可乐的道路上，也曾多次做出过这样的选择：以帮助前苏联销售伏特加酒作为交换条件，在前苏联获得建立工厂、垄断销售的权力；利用可口可乐遭到阿拉伯世界联合抵制的契机，放弃了以色列而夺取中东的其他市场。

这同样也给了我们一个启示，我们除了选择在自己的大本营成为强者之外，强敌薄弱乃至空白的区域市场，也是我们的一个选择。

板斧二：发挥自身的优势。

在乳品市场，为什么总活跃着那么多区域性品牌？一是因为区域性品牌培养了大批忠诚的顾客；二是因为奶源的区域性限制；三是因为区域品牌很好地利用了自己在鲜奶上的优势——由于鲜奶的保质期很短，注定了伊利、蒙牛等强者只能在常温奶市场上叱咤风云。

也许你所在的行业并不具备乳业这样的特点，不过没有关系。如果我们做的是大本营这个区域市场，我们会比过江的强龙更了解这个市场及消费者；如果我们在做另外的区域市场，只要我们拥有反应快、管理层级少的特点，相对那些机构臃肿、管理半径较长的强敌，仍然可能形成一种优势。

也就是说，没有一个弱势的企业或品牌是一无长处的，我们总能找到一些属于自己的，或许不能决定胜负但总能影响胜负的优势（本书将在后面专门辟出一个章节，来探讨如何发挥企业的优势）。

板斧三：把对手的弱点升级成自己的强点。

我们在前面讲到过牛奶，这里接着讲。相信许多朋友在家里订的牛奶大多数都是本地的区域性品牌，为什么？不说是不是鲜奶，也不说长期养成的消费习惯，就说送奶上门这项业务。我们知道，乳品企业要送奶，就难免牵涉到建立送奶点，包括送奶点服务半径的规划、送奶点网络的构建、送奶人员的招聘及管理等。这里面牵涉到大量的人力、物力以及一些很精细的工作，它们正是跨区域运作的那些强者们的薄弱环节。只要区域乳品企业投入一定的精力，去抓好这项业务，多数都能把强者的弱点变成自己的强点。

板斧四：选择进入对手难以狙击的领域。

有一次，我在一个小区门前等一个朋友从家里出来接我，当他出来的时候，竟然还提着两个空玻璃奶瓶——实际上，这种玻璃瓶装的牛奶，仍然是许多消费者都乐意选择的产品。但对那些跨区域运作的强者而言，由于这种瓶装牛奶的保质期比较短，要求冷藏避光保存，对仓储配送的要求比较严格等原因，它们很难进入这一领域。

如果那些非乳品行业的企业，也能找到这般令对手难以进入或难以狙击的领域，岂不是既提高了自己的胜算，又能更好地树立及确保自己在区域市场的地位？

板斧五：规划更合理的产品梯队。

尽管价格战是一把双刃剑，但许多的价格战，却是率先由并不占优的弱者所挑起的。而且，由于价格战的策略比较多，由于强者对弱小者所发动的价格战的敏感程度不一，并不一定就意味着弱者会败下阵来。

事实上，对那些产品梯队比较健全的弱者而言，它们所牺牲的产品往往都是专门搞价格战的产品或者是专门狙击对手的产品。除此之外，它们还有形象产品、利润较高但不上量的产品、上量但利润比较薄的产品。

也就是说，我们要为不同的产品赋予不同的使命。哪怕某一个强大的对手为了攻占我们所在的区域市场，专门将我们未曾主推甚至是未曾开发的产品作为主推的对象，希望借此撕开缺口，我们仍然可以及时跟进，凭借自己在渠道上的精耕细作以及价格方面的优势，从而守护住自己的阵地。

板斧六：渠道比对手耕得更精、耕得更细。

我们既然专注经营区域市场，就一定要在这个市场形成一些优势。其中非常重要的一点就是，要在渠道上比对手耕作得更加精细。

事实上，在我们的身边，有不少在区域市场活得非常滋润的企业。它们在渠道上往往有这么几个特点：一是从经销商、批发商到各种类型的零售终端，构筑起了非常完善的网络；二是对各个小区域及其目标网点的覆盖率非常高，最好是做到百分之七八十；三是在网点的开拓、回访、客情维护、助销等方面，要比对手投入更多的力量；四是渠道扁平化做得比较好，渠道的控制和反应能力比较强。

同时，我们还应该清楚，相对那些跨区域运作、需要分散资源做市场的强大对手而言，我们更容易做到集中，就像我们在前面所提到过的一样，这能方便我们在区域市场形成兵力优势，提高了我们的胜算。

板斧七：和对手的经销商比投入。

许多朋友都容易忽略这样一个事实：与我们直接作战交锋的往往都不是那些强大的对手，而是对手的经销商。

这提醒我们，也许我们的对手非常强大，但到了经销商那里，它却可能被摆在比较次要的位置。比如，强大对手的促销、宣传等活动到了经销商那里，不一定就能得到不折不扣的执行，也就是说效果可能会打折扣；而那些市场支持资源，甚至还可能受到一定程度的截流。

所有的这一切都在告诉我们：压制住了对手的经销商，就很可能压制住了其背后的对手。和对手的经销商比投入，我们总有强过对方的地方。

如果学会了这"七板斧"，显然将有助于企业奠定一方诸侯的地位。

完成拔高后的销售目标

对几乎所有的市场弱者而言，企业今年做了 5000 万元的销量，明年就要做到 6000、7000 万元，这个数字一定是递增的。可是，现实的问题却是：企业拔高了销售指标，但并不一定就能顺利完成。其中的原因，除了指标定得不合理、资源配置不到位等之外，还有许多因素在影响着我们。而这些因素，反过来也正是帮助我们完成既定销售指标的有力武器。

下面，着重谈谈其中"向谁要销量"和"如何更合理分解销售任务"的问题。

■ **向谁要销量**

向谁要销量？当然是向业务员、经销商及其通路系统。除此之外，我们还要向竞争对手、消费者和终端要销量。

第一，从竞争对手身上要销量。

敌我几方在经过一年或几年市场较量之后，当初的一些优劣势指标可能早就发生了变化。因此，在每年的年末或年初，企业在品牌、产品、价格、通路、终端客情及陈列、服务、促销、传播等方面与主要竞争对手来一场全面的比较，是非常必要的。企业分析得越细，扬长避（补）短的方向就越准确，路子就越多，找到的销售提升机会也随之增加。

我们以前做过一个膨化类食品。有一段时间,对手的宣传、促销攻势很凶,而自己的销售提升滞缓。

经过一番比较与分析之后,我们发现对手还没有对学校、休闲运动场所附近发生高频率消费的售点给予足够的重视,于是我们就在这种类型的终端加大陈列、挤占货架,并在部分战略要地开展了专卖陈列活动;发现对手在发展社区二级批发商、缩短补货周期上值得学习,于是我们在陈列上做得比对手还要好;对手针对学生市场推出了零售0.8元的产品,我们也向公司申请跟进并趁势推出零售0.5元的更小规格的产品;对手的高空宣传支持比我们的大,我们就制作一些小朋友都愿意玩的游戏,通过游戏来完成病毒式传播及互动。

结果,在我们的猛烈反击之下,顺利地打破了销售增长滞缓的窘境,销售开始呈现大幅上升的趋势。

第二,向消费者要销量。

前段时间,有个做饲料的朋友给我发来手机短信:"业务员讲的东西,养殖户都点头同意,可为什么就是不接料、不下订单?"

我的回复是:"除了手头可能没钱或者是表面附和、实际想打发你走等原因之外,还有另外几点可能需要引起自己的注意。一是你讲的东西对手也在讲,缺乏差异化;二是提炼出的产品卖点没有击中需求上的要害,还不足够打动人;三是与养殖户对产品、业务员和企业形象的感性认识有关——你讲得再好,养殖户已经在心里面给你下了不值得信任的定义,你不扭转形象,讲再多都没用。"

这告诉我们什么？其一，我们把自己要向消费者传达的东西，与对手的诉求和消费者的需求关注点及疑虑进行比较，修正我们的信息传播主题；其二，不要把消费者都当作一类人，而是要根据他们的个性表现、不同的关注侧重点、购买习惯等，对他们进行更细的群体分类，而后就像我们培训导购一样，针对不同的消费者群体的个性特征做文章；其三，消费者并不仅仅只凭理性购买，感性上的认知也起了很大的作用。

为此，我们就要通过一些公关、促销活动，拉近自己与消费者的距离，扭转与强化相应的企业形象，而非仅仅通过特价、买赠等短期行为来争取消费。

第三，向经销商要销量。

相对于自己辛辛苦苦地做分销、跑市场、搞客情、整陈列而言，向经销商要销量是比较简单、省事和直接的做法。但是，如果企业对上一个销售指标周期内所暴露出来的问题，未能觉察和做好解决的方案；对在上一个销售指标周期内经销商所产生的"疙瘩"，未能充分重视和想办法解开，再想完成飞涨的新销售指标就可能很困难。

比如，上一次的压货未处理好，遗留下大量的渠道库存，而面对经销商仓库内大批的即期库存，没有做出协助解决的意思表示；不但助销跟不上，也不帮助经销商打造一支更高素质的销售铁军和促销队伍，协助其提高经营管理能力……诸如此类问题，都可能会影响经销商在产品的推介、分销、促销、进货、配送等方面的动作，从而为完成销售指标带来负面影响。

所以，在新的销售指标来临之前，我们要先找出那些过去的问题及疙瘩，该向公司争取政策的就争取政策，现在能解决的就马上解决，需要延缓和分步骤解决的就给出个时间进度表。对于企业现在及未来的计划，也要及时告知经销商，解除他们的疑虑，让经销商们看到我们正在积极努力，营造更美好的前景。

以上所讲仅仅是一个方面。争取经销商对自己产品的重视程度，提高经销商的分销意识，督导经销商做好网点开发、维护等销售过程，甚至是将经销商旗下的二级批发商通过助销、通路促销等方式纳入到自己可以监控与管理的范围内，都是需要企业齐头并进展开的工作。

第四，向终端要销量。

铺货上架率真的有销售报表上显示的那么高吗？抽查后我们就会发现，实际的铺货上架率可能会因为补理货、业务员懈怠、网点流失等问题，而比销售报表上的低很多。除此之外，还有许许多多的因素在影响我们向终端要销量。

比如，我们的产品在销售网点、货架陈列上离消费者近吗？我们在消费者居住、工作、休闲娱乐等高频率消费地带的网点，都铺货到位了吗？相对竞品，消费者能更易留意到我们的产品吗？面对对手的终端拦截，我们将怎样积极应对呢……

又比如，我们在重点终端有过更大的促销投入并做过单店销售最大化的努力吗？我们针对大卖场、超市、便利店等不同特征的售点，设计过有针对性的提高销量的活动吗？我们在各类终端的进场产品都是消费者到这些售点所要购买的主力规格的产品吗？

再比如，针对旗下的大众产品，我们的渠道达到了一定的宽度吗？还有哪些有潜力的新渠道可以开发？面对那些即期的库存产品，我们会采取进社区直（促）销、在城郊结合部增加铺货、向农村市场增加分销并"下乡"赶集的措施吗？

处理好这些问题，我们的销量往往就可以提升一大截，完成新销售指标的压力就会小很多。当然，解决问题之前还需要我们结合自己所能调度的营销资源，做出清晰的判断。

第五，向业务员要销量。

公司的销售指标提高了，业务员的销售任务也会相应地水涨船高。但如果我们只是简单地将指标按人头分解，将任务往下压给业务员，往往收效甚微。

比如，我们公司有个业务员，鉴于他本人踏实上进、勤勉肯干，于是让他管理一个地级市场。然而，从他接受那个市场开始，销售额、回款额连续五个月都是全公司倒数第一。问题出在哪里？下去检查才发现，这个业务员是刚刚做销售的新手，只经过总部两三天的培训就匆忙上阵了。实际上，如何和客户打交道需要时间摸索，终端如何陈列才有效果也需要时间摸索，等等。找上司请教？怕挨批或被认为能力不行。与同行交流？个个都在做业务、处理事情，忙得焦头烂额，哪有时间来教你。看书？专业刊物在那里没得卖。由于找不到可以交流和解惑的人，他一个人彷徨无助，于是走了很多弯路。

相信，我们谁也不想碰到这般或类似的业务员拖自己的后腿。要达到向业务员要销量的目的，我们必须争取做到六"要"。

一要提高：提高业务人员的执行意识、技能和面对不同销售难题的应对技巧。

二要引导：引导业务员行进在正确的方向，做正确的事。

三要管理：管理业务员在网点开发、客户回访、网点维系、终端陈列等影响销量的事。

四要督导：督导业务员的管理和执行。

五要鞭策和激励：鞭策落后与错误，激励先进和后进，在内部形成你追我赶的竞争局面，提高团队作战能力。

六要脱身：从替业务员干事中脱身，从过分关注于帮助业务员减少错误、提升技能及积极性中脱身，因为我们要把时间更多地花在对确保和提升销量有重大影响的事情上。

■ 如何分解销售任务

前面，我们提到过许多负责销售的管理者在任务的分解上过于简单，比如，按经销商及业务员人头、辖区内的市场数量或者品项分摊任务。作为一个区域经理，一定要用战略的眼光来分解任务。你分解得越细、越合理，对销售任务的完成就越能做到了然于胸、信心十足。

其一，不同的市场，不同的任务。

假如我们有三个市场，三个市场中的主要竞争对手都是甲品牌。在 A 市场，我们与甲品牌的销量比是 5：4，处于领先位置；在 B 市场，销量比是 1：1，打了个平手；在 C 市场，情况就很糟糕了，与甲品牌的销量比是 1：2。

在新指标面前，我们在这三个市场分别应该做些什么？显然，我们在 A 市场要做的事是巩固地位、扩大优势；在 B 市场要做的是与对手比谁的市场做得更细，谁的过程抓得更到位，谁的新销售增长点开发到了前面，在拉锯战中找机会甩开对手；在 C 市场要做的是找到差距背后的原因，看看它们具体都是些什么，而后该补短的补短、该强化的强化，以便通过渠道、传播及促销尽快将差距缩短、将销量提起来，创造属于自己的差异化竞争优势。

仅仅靠我们做这些也不行。每一个经销商、每一个业务员所负责的市场，同样也是由若干的小市场组成，他们也需要和我们做同样的事。

其二，不同类型的渠道，不同的任务。

大卖场的销售与销售占比是多少，通过改善陈列、上 DM、派驻促销员等促销手段，可以获得多少的提升空间？超市可以完成多少销量，提升空间还有多大？便利店这一块呢？是否还可以通过增加目标网点的铺货率、新开渠道及空白区域获得新的销售增长点呢？

我们应该在不同类型的渠道上，将任务分解得更细、更合理。而要做到这些，平常的客户档案、数据统计及分析、对销售动作完成好坏的洞察，就显得非常重要了。

当然，仅做了上半身的事情还不够，还得做下半身的。比如，如何在主渠道、大客户和重点终端上分配资源、确保销售，如何让业务员在各自管辖及维护的重点终端、销售型终端、利润型终端、占位型终端分配好精力与投入等，也是很重要的。

其三，不同类型的产品，不同的任务。

我们要善于分析自己手上的产品，重视销售指标在不同品项上的分解。

对于那些处于衰退期的产品，我们要做的是促使其销售最大化，并为提携、帮扶"后进"尽力；对于那些处于成熟期的产品，我们要做的是加强对砸价、串货的管理，避免衰退期来得过早；对于那些处于成长期的产品，我们要做的是加强网点覆盖和陈列支持，将销售提升得更快一些；对于那些处于导入期的产品，我们要做的是调整自己对新产品在经销商及业务员中的考核政策，让它们受到足够的重视，尽快推广开来。

而对畅销品来说，我们要做的就是强化对市场秩序与价格的保护，利用它们"搭车"销售出更多的其他类型的产品；对滞销品来说，我们要做的就是处理经销商的库存，解决好从终端货架撤下来的退换货，分析具体的滞销原因并找到解决措施；对平销品来说，我们要努力让其从平平淡淡变得欣欣向荣。

尽管，其中的许多事看似都还处于将来时，但当新销售指标来临时，已经在自己心里面打好了一份详细的腹稿、想好了各种问题的应对措施，远比临时发挥、天马行空更有益于任务的完成和销量的提升。

其四，不同的时间段，不同的任务。

这让人想起了"淡季做市场，旺季做销售"的俗语，而在营销已经发展到越来越注重精细化、越来越关注过程的今天，仅仅将年任务分解到淡旺季、到季度、到月是远远不够的。我们还要关注到城镇市场的周末、关注到农村市场的赶集日，甚至还需要关注到正常作息时间下的午休、下班后时间以及目标消费者发工资比较集中的时间。

如何安排促销，如何确保货架上不缺货；如何在旺季来临前压货，在旺季过去前消化库存……这些都会影响到销售，企业必须给予足够的重视。

面对跳跃式的新销售指标，我们仅仅在前述策略的执行上努力，是无法完成任务的。还有非常重要的一点，那就是要抓住任务的重心。这些重心可能包括：提升薄弱市场的销量；给成熟市场"保鲜"；提高经销商的分销意识；打造更有作战能力的销售铁军；确保主渠道、大客户、重点终端销售的稳中有升，等等。

3 找到压货"喂多"之后的消化道

节前、淡季、考核期末期……都是经常出现压货的时段。通过压货，抢占经销商的资金、仓储资源的目的达到了，公司的阶段性销售指标也实现了，可是，压货之后呢？

面对单位时间内多出好多倍的渠道库存，是任由经销商通过砸价、串货等方式消化？或是在保质期临近时兑现退换货承诺？还是拼上老命促销疏导？我相信，没有几个人愿意面对这样的局面。

胃动力不够，可以找吗丁啉帮忙；可是渠道的消化能力不行，又该找谁来帮忙呢？

■ 整合渠道链，早做疏通

企业在压货的时候，往往把和经销商的感情由原来的八分放大到十二分，把那些大多还躺在计划书里的市场支持计划描述成大手笔和无往不利，把通路促销包装得像是经销商白捡了个大便宜……

而压货成功之后呢？是不是悬着的心就可以踏实了，就可以歌照唱、舞照跳，以为高枕无忧了呢？但是我要说，心气松得太早、对渠道库存处理得太晚，是出现各种压货后遗症的一个重要原因。对我们而言，尽管不像经销商一般对压货犹如骨鲠在喉、不吐不快，对占压的资金不能尽早回笼如坐针毡，但至少也是在胸口憋着，如果不早点预谋和处理，迟早都会惹出一堆麻烦。

怎么早做处理呢？那就是要疏通渠道链，把压的货化整为零地疏散下去，把渠道的气顺过来。

第一，激发经销商的分销意识与积极性。

在上下夹击之下，虽然很多经销商都感觉到了生存压力的严峻性，但就是没有意识到健全自己的纵深网络，把自己发展成为具备深度分销及大分销能力的强势经销商，正是自己未来的一个出路。

在这种情况下，我们要主动让经销商意识到自己未来的出路在哪里：要么增强分销能力继续吃这碗饭，要么"退居二线"在物流配送等方面吃服务饭，要么直接遭淘汰出局。只有这样，才能激发经销商的紧迫意识，使其在增强自我分销能力的同时又缓解了压货消化的压力。

当然，这只是起到了"煽风"的作用。我们要想得到更富有成效的结果，还可以通过为经销商培训分销人才、提供协销支持、建立分销网点完善奖和空白区域开发成效奖等措施来进行"点火"。

第二，协助经销商向更下级渠道成员疏通。

不要以为经销商就一定比我们更了解他们的渠道网络。事实上，我们看到的许多东西，经销商可能都没注意到。比如，区域经理小王在A市看到的现状是，当地的网点覆盖严重不足，生动化陈列也做得不到位，而经销商给他的解释却是"竞品在当地太强了"。

竞品在当地太强了？不。这可能仅仅是经销商出于某个目的、某种立场的借口，况且，竞品也有不少并不强势的地方。所以，我们要协助经销商做的就是：把那些竞品相对薄弱的市场，把那些有较大销量提升空间的市场及环节找出来，与经销商一起制订方案，并督促经销商及旗下分销商激活这些"沉睡者"。

第三，提供必要的终端动销支持。

与渠道库存的消化相对应的是终端的动销。我们还要为经销商提供必要的终端动销支持。需要注意的是，这些支持并不仅仅是做广告、上 DM、做堆头和端架、搞卖赠或特价促销，还要在物料使用指导、促销员导购技巧提升、补理货规范、终端管理及客情维护等方面为经销商提供支持。

跳出协销做协销

在解决压货的问题上，协销非常重要。但要注意的是，我们需要把协销的眼界放宽一点。

小张和小林是两家互相竞争的糖果企业的区域经理。为了完成下半年的任务，他们都向自己的经销商压了货。但在压货之后的问题处理上，两者的遭遇窘异。

面对经销商库存数量太多、资金周转太慢所带来的压力，小张每天都带着两个同事跟在经销商的屁股后面转，基本上就是扫街、跑店、转批发市场。每天这样跑，他们几个人能在有限的时间内出货多少？最后，经销商还是砸价、串货了事。

小林则不但比较顺利地解决了渠道"喂多"之后的消化问题，而且有效地增加了渠道的"吞吐量"。这主要归功于他采用的一套"组合拳"。

1. 寻找薄弱市场与空白区域。协助经销商在对手做得比较薄弱的两个周边县市开展攻坚战。既突击铺货又挂横幅，开展路演之类的活动刺激消费；同时，还加大了低端产品在城郊结合部及乡镇市场的铺点数量。

2．开发新渠道。专门开发了婚纱影楼等目标消费者比较重叠的渠道，通过加大渠道宽度，来缓解渠道单一所带来的库存压力。

3．周末到社区直销，赶集日下乡直销。开展免费品尝、优惠购买等消费者喜闻乐见的小活动，有效刺激了销售。

4．帮助经销商制定捆绑销售计划，用畅销品搭配滞销品。这不仅针对经销商的下级分销商，同样也针对消费者。

5．上一阶段销售为下一阶段储备客户。比如，为购买者提供到指定地点就近消费的折扣卡，吸引购买者的二次消费。

6．在团购上加重力量。抓住一些厂矿、企事业单位、基层政府部门可能在过节、过年时给职工送礼的机会，主动出击，拓展团购市场，并因此开发了一些有能力及关系的个人作为公司的销售代理。

7．对一些即期产品，向公司申请特价及买赠政策。

小林解决压货消化问题的方法，告诉我们什么呢？协销不是帮助经销商干那些业务员常干的事，而应该从传统的协销里跳出来做协销。在解决压货后遗症的非常时期，更应该如此。当然，还可以视情况向公司申请调换货。

激励二级批发商

尽管二级批发商环节可能是传统渠道中最先消亡的环节，但对一些渠道发展较为滞后的行业、对许多渠道整改缓慢的企业、对中国广大的三四级市场而言，二级批发商在较长的时间之内仍有其存在的价值。

在解决压货带来的问题时，如果在渠道链中还有二级批发商存在，我们千万不要忽视它们，相反还要重用它们。这就需要改变我们"要完成任务出成绩，就盯紧经销商环节"的旧有认识，转而通过在二级批发商环节设计进货附赠、销售竞赛、坎级返利等措施，将二级批发商纳入到我们渠道促通的工作中来，纳入到我们整个的渠道激励甚至是管理体系中来。只要二级批发商的积极性起来了，压在渠道"咽喉"——经销商环节的货，就能得到更好的疏通，我们解决压货的压力也会得到一定程度的缓解。

当然，要不想让昨天的成绩变成今天的问题，还是在平时就多动脑筋、多努力，少打恶性压货这个主意为好。

4 进军规模市场

"下一步,我们要突破区域市场走向全国,成为全国性的品牌。"我们经常听见这样的话。我也相信,没有几个区域性品牌不想进入规模市场、成为全国性品牌。但是,在宏伟目标的背后,往往隐藏着不平凡的过程。

当然,最终的结局也会有成败之分。没有谁想要失败,可是,怎样才能让自己成功地进入规模市场,向全国性品牌转变呢?

■ 进军全国性品牌失败的背后

A 原本是一个活得挺滋润的区域性膨化小食品品牌,一度在其所处的区域市场中占据了 1/3 强的市场份额。但就是这个份额,却让 A 品牌似乎顶到了销量增长的"天花板"——在连续的两年时间内,A 品牌的市场份额一直都在 1/3 上下徘徊。

面对增长困局,一直有心做全国性品牌的 A 品牌,决定迈开向全国市场进军的步伐,通过参与规模市场的竞争来实现企业的突破和发展。

下面是 A 品牌全国市场运作企划书中的一部分内容:

- 在成都、南京、西安、北京完成布点计划,通过独家总经销启动当地市场并带动周边市场，逐渐形成对全国各主要市场的覆盖。

- 在每个区域市场派遣两名销售管理人员，协助和督导经销商开展销售工作，负责对经销商的业务人员进行管理与培训。在人选问题上，主要采取从公司现有销售人员中选调和外聘相结合的方式解决。

- 鉴于 A 品牌还仅仅是一个区域性品牌的实情，可以对每家经销商提供价值 5 万元的产品铺底，并在产品上市初期对经销商及其二级批发商、终端商开展相应的进货赠量活动，以刺激通路推力。

- 产品上市初期主要通过终端的生动化陈列、终端物料的使用和售点促销来刺激走货，一旦铺货率达到 50%，由 A 品牌负责在当地电视台的都市频道上提供两个月的电视广告。期间，所涉及到的进场费、促销人员等费用，自己与经销商各担一半，先由经销商垫付，年底结算。

……

以上的内容涉及人、渠道、通路促销政策及其销售支持等方方面面，似乎该企业针对向全国性品牌转变过程中所有可以预见的难题，都找到了解决方案。

可是，A 品牌进军全国性品牌的结局怎样呢？它沦落了，更准确的说法是因为全国化作战的失败和资源的枯竭而走向了消亡。原因何在？

首先，出了"门"，原本相对强势的品牌就变成了弱势，而且对所要进军的市场的竞争激烈程度认识不到位。在区域市场，A 品牌是个具有多年市场基础的强势品牌，它所面临的对手也不过只有 4 个，而在北京、南京、成都等市场，不但强手如云，而且竞争的强度更是它始料不及的。

其次，运作全国市场的人才及管理能力不足。A品牌原来只有10个销售人员（不计入促销人员），为了进军全国市场，它将其中的8个抽调了出去。而这些人，有的只擅长和终端小店及关键客户打交道，并不擅长和经销商博弈；有的只适合做销售，并不适合搞组织、协调和管理。

再次，借渠修道不成功，无法将渠道成员和自己拧成一股绳。经销商对A品牌的周转速度和能否上量心里没底，他们惧于风险，既在进货上保守，又不放开铺货，导致A品牌的铺货上架目标无法落实。

然后，用广告和促销强行拉动市场失败。一个在目标销售网点连基本的铺货率都达不到的产品，高空宣传落地后，销量自然会大打折扣。

最后，资金储备有限，盲目投入，致使产出比例失调。A品牌在前述市场先后投入了总计超过1200万元的费用，但销售总额也不过600万元。而这1000多万元的投入却是A品牌前些年积累下来的老本和部分银行贷款。

正是由于上述种种原因，A品牌不但铩羽而归，还将老本给亏了，连原本强势的区域市场也没守住，最后只能走向消亡。

由上面这个案例，我们能从中得到什么启示呢？

成功进入规模市场的六要件

由A品牌以及发生在我们身边的其他案例可以看出，区域性品牌向规模市场跨越是企业兴衰的拐点，如果成功就可以顺利成为全国性品牌，如果失败则可能是元气大伤、一败涂地。

那么，我们该如何避免重蹈A品牌之类的覆辙呢？

第一，欲谋规模市场、欲成为全国性品牌，首先要储备起支撑自己全国化进程的必备资源（比如人才、资金和驾驭全国市场的销售管理经验等）。同时，还要做好最坏的打算，万一失败了也能守住后方的区域市场，留下让自己能够重整旗鼓的资源和平台。

第二，大多数走向全国性品牌的区域品牌，无论是从人力资源、管理经验还是营销推广资源来看，都无法支撑自己全线出击。在这个时候，先把样板市场或骨干市场做起来，滚动、辐射性地发展是非常重要的。也就是说，切忌贪大求全，市场的成功率要比全国市场覆盖率的多少更重要。

中国电话机行业里的领军品牌——德赛电话，就是通过寻找和占领对手们的遗漏点及盲区，以广东、广西、江苏、四川、北京五省市作为骨干市场，集中优势资源，慢慢渗透发展成为全国性品牌的。

第三，在区域布点的选择上，我们通常需要结合一些因素来进行综合考量。比如，对手的盲区和势力相对薄弱的地带，足以支撑自己生存与发展的消费水平和市场容量，能方便自己"星火燎原"的、具有辐射影响能力的市场，等等。综合考量让我们决策背后的支撑元素更坚实一些，避免想当然的大跃进和缺乏依据的冒险。

当然，对一些资金实力相对雄厚的企业而言，高举高打、先攻高地也可能成为它们迅速转变为全国性品牌的方法。比如，盘龙云海的排毒养颜胶囊，它在成为全国性品牌之前就重点攻克了北京、上海等市场高地。

第四，在借渠修道之后，更重要的是要能调度和整合渠道商的资源。大多数走上全国化道路的区域品牌，都必须从自身的资源平台、渗透市场的速度、成本和风险等方面来进行考虑。

但是，要想让自己通过这条路走向全国，我们需要跨过三道重要的坎：一是"嫁女要嫁对人"，在经销商的选择上务必把好关；二是要有好的管理人员，辅以好的激励、监管政策，共同来促使渠道成员发挥更积极的作用。只有这两个问题解决了，我们才能谈得上调度和整合渠道商资源，来做全国性市场。

第五，在自己品牌的全国化进程中，要的不是耗费人、财、物所制造出来的一个全国化的品牌虚名，而是要实实在在的全国化的顾客、全国化的销量来源和市场地位。从这一点来说，你一定要看好自己的腰包，切勿轻易采用单一的高端媒体广告来砸市场、砸品牌，要结合自己的能力做出务实的选择。

条件允许的就走快一点，身板不好的就走慢一点。显然，这对一些缺金少银的企业来说，更具现实意义。我们还以德赛电话为例，最初，它基本上谈不上品牌运作，也没有多少广告投入，在近两年时间内，它几乎都是通过落地的、扎扎实实的形象店、专柜的建设，由各地营销人员锁定电信和一些团体消费群的传统推销方式来进行精耕细作。

第六，既要打好攻坚战，也要做好防御战的准备。在迈开全国化进程的步伐之前，我们的精力都集中在如何经营好区域市场上，我们的资源都集中在区域市场进行使用。现在向全国吹响进攻号角，市场广了、大了，原有的区域市场——大后方就可能变得空虚。

这显然是兵家大忌。因为当你在前面冲锋陷阵时，原有的这块市场起到的就是稳定军心、保障粮草供应、练兵和休养生息、东山再起的多重作用。事实上，没有谁有意想把自己推向背水一战、置之死地而后生的糟糕境地。

说到这里，我觉得最后有必要提醒大家的是：由区域品牌转变为全国性品牌，既是一个消耗与创造的过程，也是一个促进企业软硬件升级的过程，即信息反馈机制、市场反应机制、高效管理机制、销售激励与考核机制、品牌竞争力体系等的建立和完善的过程。所以，这不是企业内部某一个或某几个部门的事，而是所有部门联合起来的协同作战，一荣俱荣、一损俱损。

获得新的销售增长点

对每一个市场弱者来说，如何找到与利用一个又一个新的销售增长点获得成长，是一件非常重要的事情。每一位销售管理者，事实上，也都清楚新的销售增长点的重要性。

现在，就让我们以知名小包装食用油品牌 A 的某区域市场开拓为例展开探讨，看看新的销售增长点主要蕴藏在什么地方以及如何才能洞察到这些增长点。

■ A 品牌的销售增长计划

A 品牌在全国市场都面对着一个共同的强敌 B 品牌。长期以来，A 都受制、落后于 B，在这个区域市场也不例外。但是，在这个市场，A 和 B 之间的差距太大了——对手的年销量竟然是自己的两倍。所以，在过去的不到两年的时间里，A 品牌在该区域市场的经理走马灯似的换了 3 个。

现任的郑经理也不过刚刚上任 3 个月。就在他上任第三个月的时候，公司调整了下半年的销售计划：从 7 月到次年 1 月要完成 20 万件的销量。这是个怎样的数字呢？它是上半年实际完成销量的 200%，是去年同期的 135%。

尽管下半年是销售旺季，尽管公司准备在下半年投入 30 万元的宣传、促销费用,但这个任务还是显得不可实现了。更何况,那30万元的投入在兑现之前,还仅仅是一个计划中的数字。怎样才能完成这个目标呢?新的销售增长点又在哪里呢?

下面是郑经理的分析。

1. 产品分析

负不同使命的产品类型	包括油种	销售占比	备注
形象产品	调和油、谷物油	25%	调和油是公司目前重点推广的产品,媒体宣传多
高利润产品	花生油、玉米油	1%	量小利厚,且花生油领域有个占据绝对强势地位的竞争品牌C
低利及价格战产品	豆油、菜籽油等	74%	豆油是目前销量最大的产品,销售占比近60%

对策:重点推动调和油的市场增长,加大豆油的流通,提升销量。

2. 价格分析

豆油是公司的强势产品,并享有绝对的价格优势。但在主推的调和油上,形势不太乐观——尽管公司的产品比B品牌价格平均低10%,但给消费者带去的价格敏感度并不高。

为了应对本公司在2L规格的产品上的冲击,B品牌专门推出了1.8L的产品。其包装大小与本公司2L装的产品,在消费者看来基本上没有区别,但价格却要低1元,使得价格敏感度进一步被弱化。2L装产品前期的旺销势头受阻。

对策:在大卖场主销5L装的产品,并向公司申请特价;争取推出1.8L装的产品,以减少对手对自己2L装产品的冲击。

3. 渠道分析

公司在省城的销售网点有约300个，大约占了目标网点50%的铺货率。其中，大卖场占85%，B、C类开架小超占15%。而B品牌在B、C类开架小超上的铺货网点数量是自己的近三倍，在各渠道的陈列位置及陈列面也远远优于自己。

之所以在B、C类开架小超上远远落后于对手，和经销商主要做KA及在其他渠道上的分销动力不足有关系。

目前，公司还启动了三个重点的地级城市市场，市场覆盖动作皆已完成，但面临着产品流转慢、经销商信心不足的问题。

对策：提高B、C类开架小超的开发进度，尤其是在目标消费者比较集中的社区增加铺货率；为了弥补现有经销商在分销意识及能力上的不足，拟再开一家经销商与原经销商分渠道运作，专门做B、C类开架小超；进一步提升陈列质量及改进售点营销环境；针对地级城市这样的薄弱市场，下一步的重点是通过高空宣传、消费者促销、地面陈列及导购战等，尽力拉动现有市场，并带动周边拟开发市场。

4. 促销分析

与对手B品牌的产品卖点鲜明、广告投入密集、主题诉求到位、消费者促销活动频繁等相比，A品牌在这些方面存在着明显的缺陷。

对策：重新梳理A品牌调和油的卖点，在下半年重点通过消费者促销活动及地面战役提升销量。

以上，就是郑经理对A品牌所处的区域市场做出的现状分析，我们能从郑经理寻求销售增长的分析及对策中，得到什么样的经验和教训？

■ 九个基本的销售增长点

从前面的案例我们可以看出,郑经理主要打算通过主推增长潜力大的产品、提高目标网点的铺货率、启动空白区域、加强对薄弱及夹生市场的投入、改善成熟市场不足之处等五个方面来寻求销售增长。

实际上,如下图所示,除了这五个方面外,还有四个途径可以带来新的销售增长点。

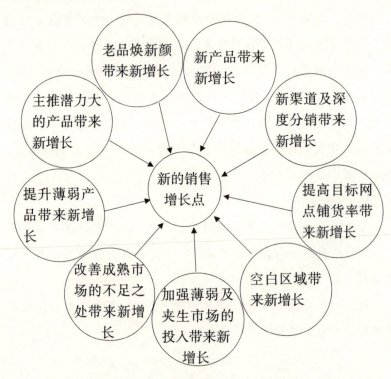

图 3-1 获得新销售增长点的途径

在这里,我们着重谈谈如何通过开发新渠道、改善成熟市场的不足之处来获得新的销售增长点。

首先，如何通过开发新渠道带来新增长？

对新渠道的开发，通常是企业为了深度分销、化解渠道单一化风险、应对主流渠道高门槛、追求市场控制力、弱化竞争等而做的应对之策。与其直接对应的就是通过拓宽渠道来提升销售。

但是，开发了新渠道、拓宽了渠道并不一定就能带来销售的增长。比如，一个饮料产品新开发了水站这个渠道。但我们知道，水站更多的是以物流配送的价值而存在，而非销售的价值。如此情况下，该饮料运作水站渠道的最后结局当然只能是以失败而告终。

这就告诫我们，开发新渠道需要找对方向，并注意一些关键点（参详拙作《成就优势渠道：如何提升渠道合理性、控制力、效率及竞争力》一书中的相关内容，或许对大家有所启发）。在开发新渠道的方向上，除了启动以前未曾进入的正常渠道（比如，美容院就是化妆品的正常渠道，但出于渠道启动进程及资源匹配能力考虑，尚未进入）之外，还有这么几个方向：

其一，对应顾客的多样化消费需求，开发产品关联度大、受众重叠度高的特殊渠道。比如，乐天口香糖进药房。

其二，开发消费行为变迁及新事物催生出的新渠道。比如，以前有报刊亭，现在又有了网吧、话吧。

其三，开发针对特殊顾客群的渠道。比如，针对节假日期间的团购，可以有意识地发展一些人脉好、交际活跃的个人作为某个时段的经销商或者开展会议营销等。

与此同时，我们还要特别注意以下几点：

一是要考虑新渠道对目标消费受众尤其是主力客户群的有效覆盖率；

二是培育、启动新渠道的成本要与自己的投入能力相匹配；

三是评估新渠道的投入产出比及其起效的周期；

四是将开发新渠道的投入追加到其他的渠道中，比较两者的投入产出比；

五是评估新渠道的成长潜力与控制能力；

六是要注意为新渠道量身定制运作计划，为新渠道规划更易动销的进场产品。

其次，如何通过改善成熟市场的不足之处获得新增长？

销量维持在一定的额度、市场日趋成熟，这些并不一定就代表着自己在市场上的各个运作环节都已经做得很成熟了，改善和提升的空间就不大了。相反的是，通过更细致周到的自查、自检，我们还可能发现不少能带来销售提升的机会。

比如，在不少售点都曾出现过不同程度的断货问题，这对销售机会的影响不容忽视（在我的经验中，这通常会为产品销量带来 10%～20% 的损失，遗憾的是很多企业都忽视了这个问题）。通过调整安全库存数、增加电话及人员回访的库存检查、通过对一些重点消费时段的监控与及时补货，都能使问题得到有效改善，并提升产品销量。

这告诉我们什么呢？众多所谓的成熟市场其实并不"成熟"，只要我们细心，都能从中找出不足和新的销售增长点。那怎样才能找出不足之处和新的销售机会呢？

■ 如何找到更适合自己的新销售增长点

正如图 3-2 所示，只有在充分认知和分析市场、对手、消费者及自身各方面因素的基础上，我们才可能发现新机会或者是找到不足处，从而获得新的销售增长点。

现在让我们回过头再来看郑经理的分析，我们至少会发现他在两个方面做得不好：

一是忽略了对小包装食用油消费者的分析。如果郑经理对目标消费者的主要集中区域、购买习惯以及网点附近的交通是否便利等问题认知不够清晰，那他极有可能会在新开 B、C 类开架网点上犯错误，也可能会在主推的油种规格上出现偏差。

二是对团购重视得不够，可能导致公司对团购活动准备不足。对小包装食用油而言，团购这一块的比例通常会占到销售额的 20% 左右，做得好的会有 30%。但是，如何让团购客户更便捷地认知和使用团购途径就是其中的一个难题。说到这里，我们是否可以打破团购主要靠经销商、大卖场运作的传统模式，而将 B、C 类开架小超作为专门的团购代理点，组织专门的业务班子去突击团购的目标客户呢？这是完全可行的。

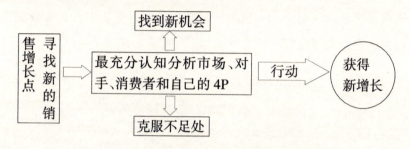

图 3-2　销售增长过程示意图

在如何发现机会、找到不足上，许多的区域经理都可能犯下同样的两个错误：

一是认为没有谁比自己更了解所负责的市场，所以在寻找新销售增长机会、发动新营销活动之前，往往都是基于自己一个人的判断来做决策。

事实上呢？一个人脑中的"内存"、印象中的认识很有可能会与现实的市场动态、竞争态势甚至是自身真实的情况存在许多的偏差。比如，销售网点的保有量、与对手在某些品项优劣势上的变化，都是比较容易出问题的地方。

二是在向公司争取增加销售支持时，往往都会夸大公司责任。

如果仅仅是这样，还不一定会在市场运作上犯错。可怕的是，区域经理们在具体运作市场时，可能会因为不自觉地回避从自己身上找原因的人性弱点，而忽略了许多不足。比如，许多人在埋怨公司陈列支持不足的时候，却遗忘了自己也可以在不用花钱的情况下维护售点的陈列质量、创建陈列优势。

这些疏忽导致的结果，就和电脑一样，如果更新不及时或更新的内容不对，在使用时程序便可能会出纰漏。

我们要想寻找到更多、更适合自己的销售增长机会，就必须摒弃陋习，让自己对市场、消费者、竞争对手、产品及渠道等，认识得更全面、更深入、更公正，并处于即时更新中，而非仅凭过去的经验和印象行事。

成熟市场保鲜术

成熟、稳定的市场出现销量下滑的态势，是每个企业都不想遇到却偏偏又会遇到的问题。那么，当市场出现这种现象时，企业应该采取什么样的挽救行动呢？

首先让我们来看看，是什么原因导致了成熟市场的销量下滑？

■ 成熟市场销量下滑的原因

总结下来，我认为主要有以下一些因素在导致销量下滑：

其一，产品换代，市场萎缩。

一个产品之所以存在生命周期，一个重要的原因就是：升级换代及替代性产品的出现。比如，VCD替代录像机、DVD替代VCD，就是个典型的例子。任何一个企业，其销售表现难免会随着这样的市场大势及其产品的生命周期，而呈现跌宕起伏之势。

其二，品牌形象老化，失去吸引力。

为什么许多产品的电视广告，在半年甚至更短的时间内，就会变换新的广告片？因为，我们需要以新的内容及形式，不停地去刺激自己的目标消费者，让他们对我们的产品保持长久的注意力以及那么一丝丝新鲜感。也就是说,一个多年来始终坚持一幅陈旧面孔的产品品牌,终是会面临"审美疲劳",从而逐渐失去对消费者的吸引力,最后被市场遗弃。

其三,竞争加剧,对手的竞争手段更得力。

谁都想在成熟的市场获得更稳固的优势,并尽可能地延长自己产品的生命周期。所以,我们与对手的竞争从来都不会有一刻的停息,双方都会使出浑身解数、大打出手。在这般永远处于动态竞争的环境中,如果我们的竞争投入、手段及执行力不及对手的话,不进则退,原本的市场份额就难免因此而流失。

其四,跟风及"水货"产品扰乱视听。

对处于上升期及成熟期的产品市场而言,只要是有利可图,从来都不乏敏锐的跟风者。许多跟风者的包装可能做得比我们更漂亮,他们的渠道促销力度也可能比我们大,甚至在产品的质量性能上他们也不见得会输给我们。原有的强敌,再加上新人的搅局者,市场出现分流、销量呈现下滑颓势,亦在情理之中。

另外一点,"水货"产品也不容忽视。比如手机行业,据波导、TCL、康佳、海尔等企业发布的2005年上半年年报显示,国内手机企业均出现了大面积的销量下滑及亏损。其中的一个重要原因就是:走私手机、拼装手机和翻新手机等"水货"的规模越来越大,目前国内每年"水货"手机的销售量在1500万部以上,逼近全国每年手机总销量的1/3。

其五,价格穿底,渠道成员兴趣丧失。

以前一件货可以赚一块钱,而现在却因为低价倾销、串货等市场失范问题,连两分钱都赚不到了。即使年底有不少的扣点返利,可是这些"期货"早就被自己为完成销量而促销"促"掉了,哪还有钱赚?没有钱赚,对广大市场弱者的产品而言,就意味着经销商、批发商没有兴趣去推这个产品。缺乏推力的产品又怎么会不出现销量下滑的问题呢？

其六，客情关系恶化，自身对市场维护不力。

我们曾经碰到这么一个产品：销量在两个月前还维持在120万元/月，可两个月后就变成了四五十万元了，原因何在？

一番摸底，发现了症结的所在：销售人员出门不是去茶馆搓两把，就是在外面兼职，或者是找个网吧打游戏，对网点的维护根本就不上心。以至于自己的销售网点在两个月内，就由70%的铺货率下降到30%。卖货的点少了，单店的销售额又没有增大，销量不下滑才怪。

除了以上的问题，新开市场过多、过快，分散了营销资源，导致企业对成熟市场的投入不足，也是导致销量下滑的一个重要原因。

其七，市场信誉遭受危机。

近年来，出现了不少因为遭受信任危机而导致销量下滑的案例。比如，2005年5月，光明乳业因为涉嫌回收过期牛奶返厂再加工的丑闻曝光，就直接让光明遭受了重大的市场打击，元气大伤。

前面，我们分析了成熟市场销量下滑的主要原因，接下来让我们有所侧重地针对其中的一些问题，探讨一下相应的对策。

■ 找准病因，对症下药

要找准销量下滑的病因，前提是不能误读市场信息。比如，某个市场的销量下滑本来是因为当地的销售机构对市场维护不力，精耕细作没有执行到位造成的，但是，我们从区域经理及销售人员口中所得到的答案却是公司的责任——什么公司市场支持少、对手攻势猛烈、产品线不丰富等。销售部门把这些当成推卸自己工作不力的借口。

因此，面对从各个层面传递过来的销量下滑的信息，我们首先要有辨别的能力。怎么辨别呢？

有两点很重要：其一，营销管理者包括那些可以对销售部门形成牵制的部门，应该下到市场前沿，搜集更多的一手资料。其二，要让信息反馈渠道多元化。比如，我们不能只听经销商说，还要听听来自二级批发商和终端的信息；不能只听销售经理说，还要听听各级渠道成员及其销售人员的意见。

找准病因之后，就是对症下药。

第一，如果是因为产品的更新换代及品牌形象老化的问题导致销量下滑的，我们就要储备并适时推出升级的"新产品"。这里的新产品之所以打引号，是因为哪怕是"新瓶装老酒"，仅仅换个包装，都可能起到一定的阻跌作用。

说到这里，我要提醒大家重视这么一点：我们花钱去拍一条广告片，不如加点钱拍一套广告片，这样不仅成本很低，又可以多种形式、从多个角度给目标消费者带去不同的刺激。

第二，如果销量下滑是因为竞争加剧造成的，首先我们就要好好地研究一下，对手到底出的是什么招才让自己受伤的——是因为惊人的广告投入、大力度的消费者及通路促销，还是因为新推出的产品太强大……其次，找到对手的弱点和自己的优势，做到攻守兼备。

第三，如果是因为跟风产品的出现而导致销量下滑的，首先我们要明确自己的角色定位是防御者大过进攻者；其次，不论是助销也好，还是阶段性增加铺市陈列奖、专卖奖、新网点开发奖也罢，都需要速战速决，以抢占更多的渠道资源，压缩对手生存的空间；再次，争取夺回被对手蚕食掉的区域和渠道商，对未受跟风产品波及的市场加强控制；最后，还可以尝试推出专门的产品来狙击跟风产品。

第四，如果销量下滑是因为价格穿底，渠道成员兴趣丧失造成的，首先我们要反省价格为什么会穿底；其次，考虑如何通过增加过程奖励、加强过程控制等方式来规范市场，加强对价格体系的保护，减少串货、低价抛销等可能导致价格穿底的事情发生；再次，如果自己还有能力让利给渠道商，就可以考虑调整渠道价差及利润体系，如果没有能力，就不妨考虑收缩市场、暂时固守一隅，待痛定思痛后再卷土重来，或者还可以考虑推出新产品来逐渐代替岌岌可危的老产品。

■ 市场维护不力导致销量下滑的应对办法

其实，任何一个产品在成熟市场出现销量下滑，都可能是多种原因造成的。比如，品牌形象的老化，可能与新产品的储备有很大的关系；在价格穿底的背后，竞争环境的恶化、市场维护不力等也都脱不了干系。

我们曾服务过一家膨化类食品企业。3个月前，其在某成熟市场的月销售额从70多万元剧跌到40万元，属于多种病因集中发作：产品结构老化，产品力也因为对手的变化而弱化；长期坚持的"刮刮奖"活动在包装袋提示、中奖率、奖品设计等方面出现了执行上的偏差；渠道维护不力，等等。

在我们的帮助下，3个月后，该企业的月销售额超过了110万元。它是怎么做到的呢？接下来，我们重点从市场维护的角度，来与大家分享一下成功经验。

经过诊断，我们发现该企业在市场维护上存在如下几个主要的不足（见表3-1）。

表 3-1　企业市场维护的不足之处

市场维护的六个不足	1	未对销售人员建立、健全严格的激励、监督与考核措施，铺货、补货等工作缺乏延续性和韧性，被竞品大打空间差和时间差，导致铺货上架率严重下跌。
	2	片区和"扫街"线路的划分不够细，有许多目标商户都没有铺货到位。
	3	铺货重点不够明确与突出。比如，对学校、公园、娱乐场所等可能发生高频率消费的地点没有很好地把握和及时出击，丢失了大量的可能性市场回馈。
	4	对分销体系监管乏力，价格体系较为混乱。比如，一边是批发商反映产品利润较低，另一边又是终端售点反映进价过高，影响了物流畅通。
	5	及时性送货等服务没能跟上市场需要，影响了客户情绪，损失了客户。
	6	理货工作严重不足。比如，产品在货柜、货架的位置过于隐蔽，被竞品抢了风头。

问题找到了，接下来就是真刀真枪地行动了。

1. 维持合理的利润体系，确保渠道各环节都有更多的钱赚

之所以会出现"批发商利润较低、终端商进价稍高"的矛盾，主要原因在于渠道中二批、三批等中间环节过多，价格体系控制力度不够，影响了利润体系的合理性与竞争力。

由此得出，利润体系混乱与否的关键在于各级分销商。抓住了问题的重点，我们主要采取了三项措施：

一是将原先的各级批发商纳入享受统一的出厂批发价、年终按各自销量享受对应返点的体系之中。

二是对新返点比例做适当提高，在压缩中间环节的同时兼顾上游批发商的利益，保证和提高了批发环节的积极性和畅通性。

三是规定批发商出货的上限价和下限价。如出现低价倾销或投机抬高价格的行为，将减少其适当比例的年终返点回报，直至终止其分销资格。

2. 疏通分销主干道

尽管当地市场是个自营市场，但企业要想使产品顺畅地覆盖各目标区域及网点，各级批发商的分销渠道仍然是我们需要借助的重要力量。

为此，高度重视各社区及各街道内的零星批发商，并力保铺货到位，使它们就近承担一些终端的覆盖工作；建立、健全分销商的监控机制和激励机制，确保渠道的畅通；加强对分销商的顾问式回访、协销、分销，从感情上为分销渠道的畅通助力；通过对市场竞争态势及分销商前期销售能力的了解、记录和研析，做好各分销商未来月度销售量的测算工作，确保合理的库存和补货时间，以尽量减少乃至避免"转移库存"、增加滞销压力及回款风险等情况的发生。

3. 拽紧终端

我们重点强化了六个方面：

一是树立"铺货就等于挤、压竞品""铺货工作永远存在"的思想，使铺货工作保持延续性和韧性，保证每个月各片区的铺货上架率都维持在60%以上。

二是对夫妻老婆店定级对待，对学校、体育运动、休闲娱乐、公园及其他高频率发生膨化类食品消费的场所进行重点回访、支持与掌控。

三是工作必须做到七细：片区细、线路细、重点细、了解细、分析细、服务细、维持细。企业只有把工作做细，才能做到真正的双赢，才能挖掘出更多的潜力，才能获得更高的业绩回报。

四是在渠道利润体系中，随时在终端力保与同业看齐的30%以上的利润，并为保障价格体系的稳定，特设出货上限价和下限价。

五是注重理货工作，给产品争取较显眼的货架位置，吸引消费者的偶然性消费直至经常性消费。

六是逐渐加大终端宣传及终端导购力的构建工作，以提升产品在同业中的终端竞争力。

4. 管好销售人员

一是严格执行业务报表和落实性追踪查访制度，并强化财务等相关职能部门在业绩考核中对销售人员及销售主管的牵制性工作（这是互相的），以尽量减少销售部门弄虚作假、谎报军情等行为。

二是绘制、比较个人业绩周、月坐标图，激发出销售人员攀比、竞争的上进心。

三是建立、健全从批发商到终端商的客户档案，包括区域位置、店面大小、人流量、业主情况、联系方式、月进货量、月实际销售量等详细真实的情况，以便更好地将销售人员的个人营销网络纳入企业的整体营销体系中，方便对销售人员进行针对性指导和减少因销售人员的离职带来的市场波动。

四是将网点的增加量、拥有量及维持量，与销售量、回款量一起纳入考核体系，与个人薪酬挂钩。

畅销品长销旺销的办法

每个企业都会有相对畅销的产品，它们的利润贡献或许不是最大的，但是在销售量、销售额中所占的比重却是最大的，在市场占有率目标的达成中也是功不可没的。畅销品往往就是一个企业的拳头产品，是一个企业在市场中拼杀的主要力量。

对不能培育出畅销品的企业来说，等待它的结局只有一个——死亡；对那些已经培育出畅销品的企业，其所面临的挑战也并不轻松。其中一个核心问题就是：如何让自己的畅销品能够在更长的时间内旺销，尤其是在企业新的拳头产品培育起来之前。

■ 畅销品的困局

"这个产品曾经在我们的销售比重中占到了 50% 以上。但是近一两年来，这个产品一直没有什么增长。而最近半年来，甚至还出现了一定幅度的下跌。"一个为畅销品问题所困的企业老板，如是对我说。他还希望我们能够帮他重振雄风。

事实上，像这样的问题，是具有相当的普遍性的。那么，我们如何来解决问题呢？首先还得从认识问题开始。也就是说，到底是什么样的原因导致畅销品遇上了销售增长瓶颈，出现了不升反降的情况？

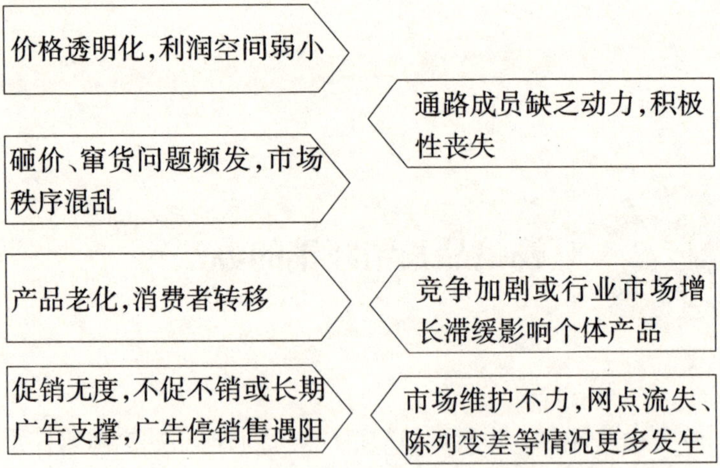

- 价格透明化,利润空间弱小
- 砸价、窜货问题频发,市场秩序混乱
- 产品老化,消费者转移
- 促销无度,不促不销或长期广告支撑,广告停销售遇阻
- 通路成员缺乏动力,积极性丧失
- 竞争加剧或行业市场增长滞缓影响个体产品
- 市场维护不力,网点流失、陈列变差等情况更多发生

图 3-3　畅销品遭遇困局的主要原因

上图中所反映的,是绝大多数畅销品遭遇困局的主要原因,其中的部分原因还具有一定的尺度对应关系。

我们知道畅销品更多的是体现在量上。但是,如果把中小企业的畅销品和强势企业及品牌的畅销品相比较的话,还是存在较大的差距的。

首先,对大多数中小企业来说,我们的畅销更多地体现在区域性上；其次,我们的品牌影响力、持续的市场支持能力等,决定了我们的产品为经销商撑门面的功用不足,带货的功能不高。

一旦我们的畅销品出现市场保护及维护不力,价格透明到没有几个钱赚,经销商的积极性就会大大降低,失去推广产品的动力。对许多的售点来说,它们甚至还会将我们的产品从比较好的陈列位上撤下来,扔在角落里或者压在货柜最底层,而代之以利润更高的产品。与此同时,还有不少的竞争对手在争夺渠道资源,这会让我们面临更多不利的情况。

说到这里,我要提醒大家一点：有众多的产品出现衰退或消失于市场，并不是因为它们在消费需求中缺乏市场，而是因为在渠道商中缺乏市场。

■ 让老产品重获新生

在前面，我们把产品老化问题作为畅销品陷入困局的一个重要原因，可能有部分朋友并不同意这样的观点。因为在他们看来，自己不但在不断地推出新产品，同时也在给畅销品换"新装"。

但是，前者讲得更多的是产品结构的问题，也就是说，你推的新产品是全新的产品而不是畅销品中的新产品；后者只给畅销品换"新装"，对畅销品的改造还局限在包装环节上，而更多的环节你可能都还没有重视到。

事实上，在推新品的问题上，有不少的经销商都对厂家颇有微词。因为有不少的厂家推出新产品仅仅是为了简单地满足经销商推畅销品不赚钱，希望见到更高利润的产品出现的要求。也就是说，厂家的推新计划缺乏战略考虑和规划，更多的是围绕经销商，而不是围绕市场推出新产品。而那些将仓库里的老产品翻出来换"新装"的行为，则更容易伤了经销商的心。

与此相对应的是，消费者对厂家的这些行为也并不买账。这就是为什么很多所谓的新产品，投入了市场却得不到回报的重要原因。换句话讲，在畅销品的"畅销"两字上做文章，可能比你另外推一个全新产品更容易获得成功。

由此说来，如何围绕畅销品做文章，如何让作为畅销品的老产品重新焕发青春，比将重心放在"一天推出一个新产品"上更为重要——这是一个并不复杂的道理，但往往被许多人忽视了！

那么，我们具体又该怎么做呢？

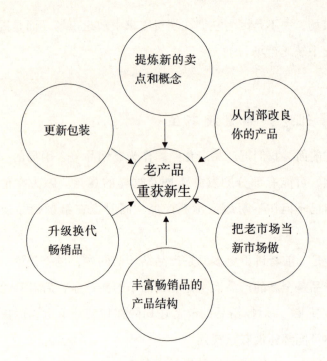

图 3-4　老产品重新畅销的途径

从上图中，我们可以看到，让老产品重获新生的途径主要有六条。更新包装自不必说，下面，我们谈谈其他五个途径。

1. 提炼新的卖点和概念

吊白块——曾经用于食品加工中的一种增白剂，近年来已成为各地质检部门重点监管的对象，并让一些知名食品品牌栽了一些跟斗。按某食品公司经理的话说，随着饮食结构、环境气候、身体素质、生活质量以及职能部门重视程度等的变化，以前那些有害程度还可以被容忍的东西，现在已经到了需要清理的时候了。

这对一个产品的卖点及概念来说，也是同一道理。老的、旧的卖点及概念，通常都会有丧失其威力，甚至会威胁到产品继续生存的时候，因此，我们要基于动态的竞争及消费环境这两个因素，施展我们的动态举措，提炼出新的卖点和概念。

2. 从内部改良你的产品

这里的"内部"当然是指产品的原材料、成分、工艺等方面。好比"添加更多柔顺因子"的飘柔一样，就是根据消费者的需要不断优化产品成分，为自己的产品注入新的活力，从而留住顾客。

3. 升级换代畅销品

我们上面提到过的"飘柔"够畅销吧？但就在2002年9月，"飘柔"这个品牌下的所有产品都展开了一次大规模的升级活动，升级后的新"飘柔"蕴涵了三重滋润配方，能让85%的消费者体验到头发更柔顺易梳。

联合利华公司的奥妙洗衣粉，在市场中尤其是高端市场中占有非常强势的地位，相信许多朋友都用过它的全效洗衣粉。而就是这么一个非常畅销的产品，联合利华仍然在2005年3月，推出了奥妙全效洗衣粉的升级换代产品——"净蓝风暴"。

当然，我们这里所讲的"升级换代"是个比较笼统的概念，它不仅需要你在产品的包装及广告中明示"升级"或"二代"这样的词汇，同样牵涉到包装、卖点、概念、产品内部的改良等。

4. 丰富畅销品的产品结构

提到上海的"白猫"，许多朋友的第一个反应就是想到洗洁精。事实上，即便是处在宝洁公司的"汰渍"、联合利华公司的"奥妙"等品牌的高压之下，"白猫"在洗衣粉领域也有着不错的市场表现，它的无磷洗衣粉就是一个畅销品。而说到它畅销的原因，包括冷水型、超能高效型、加香型、加酶型、超浓缩型在内的丰富的产品结构，帮助"白猫"无磷洗衣粉对不同需求的消费者实施了更全面的覆盖，这是一个不可忽视的因素。

5. 把老市场当作新市场做

当一个产品畅销时，也往往是这个产品走向成熟之时。产品步入这个阶段，许多销售人员就会满足于即得销量，难免失去干劲、变得有惰性。比如，对客户的回访没那么积极了，在客情的维护上没那么用心了，对空白及薄弱市场甚至也会失去拓展的动力。

这会造成什么样的结果呢？网点流失、陈列变差……直接的后果就是销量先停后降，并给了对手极大的进攻机会。

为此，我们有必要保持把畅销品的畅销市场当作一个新市场来做的心态。

■ 砍掉一些抢奶吃的产品

这似乎和前面提到过的丰富产品结构有着比较明显的矛盾。可是，那些在畅销品体系中，已经被证明没有任何实际价值，也没有多大的占位、狙击、打价格战等战略利用价值的产品，就不能被淘汰吗？当然可以！

但是，有一些在管理上实行末位淘汰机制的企业，它们对待产品的态度是，总要等到彻底失去希望，将有限的营销资源耗费得所剩无几，将经销商的热情降到冰点的时候，才会下定决心举起砍刀，将那些产品消灭掉。这些企业想的不是及时砍掉那些既要与畅销品抢奶吃，却又没什么贡献的产品，而是在想如何把这些处于末端的产品做起来。

我们的观点则正好相反。为了加快行军的步伐、赢得战机，聪明的指挥官往往会扔掉那些没有多大用处的装备，会将老弱病残转移或找个地方安置，最后保留的将是最精锐、最有战斗力的部队——所有的这一切都是为了让自己一无拖累二无包袱地轻装上阵，确保自己能够集中优势兵力灵活、快速地作战。一旦作战开始，那些秉奉军令如山的指挥官，更会毫不手软地毙掉那些临阵逃脱的士兵——让一部分人死，就是为了让另一部分人凯旋归来。

因此，砍掉那些和畅销品抢奶吃、但又缺乏价值的产品，就是为了让畅销品及其他一些肩负着一定使命的产品，有更多的"本钱"能够更好地生存和发展下去。

■ 建立一个更有秩序的销售环境

曾经有个中档白酒品牌，在西南市场拥有不错的销量。但是，它在昆明的一家经销商却告诉我，他很少从厂家进货，而是直接找四川的一家经销商调货。原因何在？因为从这个经销商那里拿的货，比从厂家进货利差更高、更有赚头。而这个四川的经销商正在为了向更高的一个扣点返利的坎级发起冲刺，所以在疯狂地砸价、串货。结果呢，可能大家都猜到了，就是这个曾经火过、旺过一把的品牌没有多久就死了。

这个案例反映出了一些畅销品从衰败到死亡的清晰轨迹：因为砸价、串货等原因导致市场秩序混乱、价格透明乃至穿底，使得大多数的渠道成员没有钱赚，最后经销商就会丧失动力，市场也慢慢萎缩，产品逐渐走向死亡。曾经开创了"冰茶"这个蓝海领域的"旭日升"，就是一个非常典型的例子。

事实上，营销界关于如何维护市场秩序的论述已经很多，但是，我要提醒大家的一点是，不论事先制定了怎样的措施，想好了如何有效地执行，我们还是需要一位铁腕但灵活的营销领导人，更离不开一套没有讨价还价余地的执行、督导及监管的机制。

而对那些患上广告、促销依赖症的畅销品而言，其背后存在的很可能就是一支丧失了主观能动性的销售队伍。畅销品就像一个染上毒瘾的瘾君子一样，一旦厂家因为利润走薄、现金流吃紧、投资多元化等原因，将广告、促销停下来，立刻就会让"瘾君子"处于"禁毒"的危险期，一有不慎还会导致其死亡。

所以，当我们费尽九牛二虎之力将一笔广告、促销预算安排到位，准备付诸实施之前，最好要想清楚，如何夯实广告、促销之外的线下营销行动，多管齐下，才能让自己多条腿走路，不至于站立不稳而摔倒。

除此之外，我们还得把自己的营销"组合拳"规划得更为合理——即使是伤人又伤己的"七伤拳"，我们也要让它对敌人更致命一些，对自己的损伤更轻一些。

第四章 竞争：扬己之长，攻敌之短

1. 塑造局部竞争优势
2. 将竞争优势发挥到极致
3. 将竞争劣势转化为竞争优势
4. 有效攻击对手的弱点
5. 用足对手犯错的机会
6. 预见对手的行动

塑造局部竞争优势

人尽皆知，国内碳酸饮料市场的老大是可口可乐和百事可乐两大巨头，但娃哈哈的非常可乐却在农村市场盖过了"两乐"，而它后来推出的咖啡可乐也在东北的局部市场占据了上风。

在小包装食用油市场，金龙鱼占据了寡头地位，但是福临门同样在华东、华北的局部市场取得了压倒金龙鱼的领先地位，而花生油领域仍然是鲁花的天下。

……

这些案例在向我们说明什么呢？横亘在我们面前的对手纵使再强大，它们都会有薄弱之处；我们即使再弱小，也能通过塑造自己的局部竞争优势获得生存和发展的空间，并在与对手的周旋中，拥有进一步强势崛起的可能。

■ 局部竞争优势的来源

我们口中的"杂牌"，它们没有知名度、没有周到的服务、没有规范的销售体系，甚至没有像样的办公室，但是它们却可能比许多知名品牌活得还滋润，因为它们通常都拥有低价这个局部优势。

雅戈尔、衫衫、仕奇等强势西服品牌在不少市场都打不过地方小品牌，为什么？就因为这些小品牌在某些区域的人脉资源及团购渠道上拥有优势。

蒙牛、伊利、光明等乳业巨头，在众多的地方市场就是竞争不过当地的鲜奶、酸奶品牌，为什么？就因为这些品牌拥有地产及多年市场培育所带来的供应链、顾客忠诚方面的局部优势。

日、韩以及欧美等国家的电视机及DVD机企业，尽管在中国市场已经处在了下风，成为了市场的弱者，但它们仍然可以威胁到中国企业的生死，为什么？就因为它们掌握了核心技术及关键部件的局部优势。

除了在价格、渠道、供应链、顾客、技术等方面取得局部优势之外，在对手的薄弱市场先入为主、在区域市场聚焦作战等，同样可以成为弱者应对强敌蚕食进而发展壮大的局部竞争优势。还有一个非常重要的优势来源：开创新品类。从一个不被强者注重的细分市场后来居上，成为某个小品类市场的领先者，进而成为一个大品类市场的重要角色。

这就是为什么更多的市场细分、品类创新都是由市场的后来者及弱者所创造的原因。这也就是雅客V9糖果、王老吉凉茶等品牌能够迅速崛起的重要原因。

可是，企业如何才能成为一个品类市场的领先者呢？这正是我们接下来要讨论的重点。

■ 品类领先的战略

咱们再回到王老吉这个案例上。

王老吉这个凉茶品牌，其2006年的销售额已经逼近40个亿大关。但就在三四年前，它的销售额不过1个亿，不过就是在广东及浙江部分市场蜗居了7年的区域品牌。到底是什么让王老吉在4年之后实现了质的飞跃？

除了高额的广告预算,它还有如下两个经验值得我们借鉴:

其一,准确的定位。

最初,王老吉的定位是"带药效的凉茶",而一般人都有着"是药三分毒"的认知,所以普遍认为王老吉可以败火却不宜经常饮用。后来,这个定位被调整为了"防上火"的"凉茶"。这帮助王老吉由市场局限很大的药饮转变为了市场大很多的功能性饮料。

其二,建设强力渠道。

除了商场、超市等大流通渠道,王老吉还开辟了众多的餐饮渠道,把更易导致消费者"上火"的川菜馆、湘菜馆、火锅店等吸纳为"诚意合作店"。通过投放电子显示屏、红灯笼及更多的POP广告等,进行大力促销,王老吉很快成为了这些餐饮渠道的推荐产品。

接下来,我们再来看看另外一个采取品类领先战略而获得成功的案例——调味品市场的天浩圆。

天浩圆是一个在2002年才进入大陆市场的港资品牌。当时,中国的调味品市场正处于一次大规模行业洗牌的后期,海天、李锦记等品牌树立了自己的强势地位,而众多的小企业、小品牌则走向了消亡。但就在这样的背景下,天浩圆用了不到3年的时间,就实现了几个亿的年销售额。它是如何获得成功的呢?有这么几点值得我们借鉴:

其一,农村包围城市。

天浩圆当时主攻三、四级市场。因为在这样的市场,大品牌覆盖率低,消费者品牌意识不强,竞争强度也不高——属于强势品牌的薄弱市场。

其二,倾斜资源,抢占市场。

为了能在三、四级市场迅速打开局面、站稳脚跟，天浩圆采用了针对性强和成本相对较低的方式开展宣传——成为第一个在地县级电视台投放密集广告的调味品品牌。

其三，找到了爆破市场的切入战术。

为了能在短时间内爆破市场，天浩圆组织了一支执行力很强的销售队伍，在"一分钱买一袋酱油"、包装换现金、买赠、特价等促销战术的配合下，通过社区营销活动及宣传横幅等销售道具，顺利敲开了市场的大门。

其四，样板市场突破，成片区启动，滚动发展市场。

天浩圆的促销战术，很快将自己在大陆市场的大本营——江苏徐州成功地打造成了样板市场。然后，天浩圆采取了成片区启动、滚动发展的策略，先是发展徐州的周边市场，接下来是整个淮海地区，然后就是华北、华东及西北等市场。

不过，由于战线过长、市场基础不牢固、向中高端市场突破乏力、人力资源跟不上等若干原因，天浩圆也不得不在随后迎来了痛苦的盘整期。

纵观以上两个案例，我们能得到什么样的启示呢？
1. 划分出一个更加细分的市场；
2. 寻求一个准确的定位；
3. 谋划一个正确的市场启动路线及运作节奏；
4. 建设一个强力的渠道；
5. 打造一支有执行力的销售铁军。

除了以上几点之外，我们还可以再加一条：单品销售最大化、单店销售最大化促成规模销售更大化。

这些，几乎就是所有的品类领先者及其更广义的市场成功者走向胜利的战略要素。不过，对于期待成功的我们来说，仅仅做到这些，并不一定就能确保自己获得成功。

■ 踢开妨碍领先的绊脚石

在追求品类领先的过程中，由于自身资源及能力所限或者是所谓的不经意，或者是因为陷入两难境地难以取舍等原因，就会出现一些阻挠我们继续前进的绊脚石，我们需要踢开、移开、迈过它们。

1. 市场细分的悖论

现今市场的崛起者，往往都是通过对市场的细分、细分、再细分，从而寻找到生存的空间和发展的机会。这也成了不少企业坚信不移的胜利信条。

可是，小池塘是养不了大鱼的。如果我们选择进入的一个细分市场，本身就只有几个亿的市场容量，而且还是由全国三十几个省、市、自治区的份额集合而成，甚至这个市场还需要我们花大力气来进行市场培育、引导消费，那么，我们难免就会进入见不到出路的死胡同、撞上细分的"南墙"。

下面举一个我曾经做过顾问的企业的案例：

从曾经的春都，到现在的双汇、雨润、金锣、美好等，火腿肠市场一直都是强者如林、竞争激烈。山东有一家企业为了从这个市场中分出一块蛋糕，利用当地的海洋生物资源另辟蹊径，开发了海鲜肠。

相对那些淀粉含量越做越高、越来越没肉味的火腿肠来说，海鲜肠的肉含量高达70%以上，淀粉含量不足5%。当我带着海鲜肠的样品在北京机场过安检时，安检人员竟然认为我带了一箱牛奶，大家可以想象其相关营养元素含量之高。

事实上，这个产品出来之后，多数习惯海鲜味的消费者在品尝后都说好，绝大多数经销商也都说好。但与我合作之前，这家已经在运作山东、天津、北京、陕西等多个市场的企业,其年销售额也不过400多万元。

为什么这么好的产品没有做大呢?撇开价格、渠道运作、销售执行等因素不谈,主要原因有这么两个:

一是,喜欢吃海鲜的消费者很喜欢这个产品的海鲜味,不习惯吃海鲜的消费者就会将那股海鲜味当成腥味。也就是说,这个产品相比传统火腿肠是补缺性产品,而补缺性产品的消费者一般是很有限的。

二是,新东西要得到大家的认可,就离不开市场培育。但是这个企业的自身资源很有限,和这个细分市场所要求的能力难以匹配——它无法通过相应的投入让目标消费者知道这个产品,不能让消费者认知到这个产品在肉含量、营养、天然、健康等方面的优点。

这些给了我们什么样的启示呢?

通过细分市场创造品类领先优势没错,通过进入竞争相对宽松的领域发展也没错,但企业还应考虑的是:这个细分市场是否具备能够让自己安身立命和发展的空间;自己又是否具备启动这个细分市场的相应资源及能力——尽管,我们都在讲如何"以小搏大",但企业还是要量力而为。

2. 市场未起,壁垒当先

在我们曾经服务过的企业中,那些开创了新品类或取得产品新突破的企业,通常都会问一个相同的问题——"竞争对手跟进了怎么办,怎样才能为对手设置起壁垒"。

设置壁垒并没有错,但是,如果企业把过多的精力都放在了为对手树门槛、设壁垒上,而不是在想如何把这个品类市场继续做大,反而会导致企业缩手缩脚,错过了快速发展的良机。比如,一个率先开辟非油炸方便米线的企业,有着非常雄厚的资本背景，但是，由于考虑到方便米线是个技术含量不高、进入门槛比较低的产品，跟进的对手可能很多，跟进的速度也可能很快，所以企业不敢去做市场培育。该企业将产品拿到糖酒会上去试水，面对络绎不绝的经销商登门造访，它反而更害怕了。多年下来，该企业的产品仍然局限在区域市场小打小闹，并开始日益萎缩。

这告诉我们，如果企业在开发市场时考虑过多、怕人跟进，从而不敢快速推进、大胆投入，这种过于谨慎的心态，注定了企业永远成为不了领先者——没有速度，你就无法超越和甩开竞争者。

因此，我们一定要告诉自己，企业最好的壁垒就是标准，就是领先者的地位，就是产品在消费者心目中所占据的位置，而不是绑上双脚的不作为。

事实上，只要是有潜力、有前景的好产品，肯定不会乏人跟进，也就是说企业阻止不了别人跟进的事实。与其如此，企业还不如一直保持前进的速度，更快、更多地占领山头，迅速建立起自己的优势，尤其是在局部区域和局部渠道建立起一个进可攻退可守的根据地。

3. 不合不纵，不舍不得

在1992年的中国饮品市场，豆奶粉是一个新品类。开创这个品类市场的维维，到1997年年底的时候，年产量已经达到了20万吨，有了近10个亿的年销售额，占据了豆奶粉市场超过70%的市场份额。

不过遗憾的是，维维也搁浅在了众多企业受困的老路上——偏离优势核心产业，徘徊在多元化的产业扩张上。同样遗憾的是，维维因为多元化扩张的偏移，在对豆奶市场的挖掘和品类的拓宽上，错过了与竞争品类牛奶的竞争。

在这样的背景下，维维一直无法取得进一步的突破，而自己安身立命的豆奶市场甚至因为牛奶的普及而出现了萎缩。

由于维维担心"前人栽树,后人乘凉"——不甘心在投入大力气扩大品类市场之后让他人跟着受益,却忽视了"众人拾柴火焰高",以至于品类市场得不到扩大。

我们一定要记住:品类市场内"小竞争",品类市场外大合作!缺乏一定实力的跟随者,自己同样会缺乏足够的帮手去和竞争品类瓜分天下。所以,我们与品类市场内的对手,大家是既竞争也合作的关系。在品类市场还有很大的潜力可挖、没有有效扩大时,即使你有能力一统天下,也要对自己的竞争对手手下留情。尤其对于大多数的中小企业而言,由于大家都是资源、能力相对有限的弱者,通常都不具备凭一己之力就能做好市场培育与消费培育的能力。

在这种情况下,我们就更需要深刻理解不合不纵、不舍不得的道理。

将竞争优势发挥到极致

在日常的工作当中，我们总会针对下属的弱点，通过提醒、批评、培训、考核等方式，试图去改变他们的缺点，弥补他们的短处。虽然这么做多少还是会收到一定的成效，但一次次的经验和教训告诉我们：与其给下属们补短，不如发挥他们的长处来得更有成效。

这样的经验，同样适用于商场。

■ 木桶理论将导致危机

2004～2007年，国产手机业一直都处在一个漫长的寒冬之中——在摩托罗拉、诺基亚、三星等国际手机巨头高歌猛进之下，国产手机的市场占有率跌入了一个又一个的历史低谷。在熊猫、易美相继退市之后，波导、TCL、康佳、夏新以及海尔等企业的手机业务普遍出现巨额亏损。

在此期间，我曾为某媒体写过一篇《中国企业三板斧失威》的短评，并引发了不少读者激烈的争议。这篇短评的大意是：无论国产手机企业是否采取了大规模的渠道瘦身和裁员，是否与西门子、摩托罗拉等大企业进行了渠道合作，国产手机都将长时间亏损下去，并将会有更多的手机企业步熊猫、易美、迪比特的后尘。

这是因为，我们的手机业及其一些相关行业过去常用的"三板斧"——过于依赖低价、渠道、缺乏技术含量的产品创新已经失威。在这"三板斧"中，低价取胜只会换来脆弱的领先，让我们缺乏足够的利润支撑去继续参与竞争；渠道难成核心竞争力，一旦洋品牌适应了中国的市场环境之后采取跟进策略，就将使我们曾引以为傲的优势在短时间内稀释，甚至变为鲸吞稀薄利润的无底洞；缺乏技术含量的创新，将会让我们更多地局限在产品的外观设计上玩花样，结果弄来弄去都是"抄袭为主，独创为辅"，核心技术还是别人的，自己的产品耐磨率差、返修率高等问题，仍然无法从技术的本源上得到解决。

我这篇评论主要是为中国企业，尤其是中小企业提个醒：在低价、渠道、缺乏技术含量的产品创新这"三板斧"逐渐失威的不争事实之下，企业一定要在自己目前最擅长的方面，袖里藏针，修炼出更多的"板斧"与绝招。

这并不是在否定我们所擅长的渠道、低价与"浅层次"创新为我们带来的积极意义。相反，许多中小企业还必须继续倚重它们，将自己在这些方面的优势发挥到极致，从而赢得更大的竞争优势。放着现有的优势不发挥，你还能发挥什么呢？

说到这里，很多人可能会想到木桶理论：一只木桶能装多少水，取决于最短的那块木板，所以哪块板最短就要补哪块板。我们在这里所讲的，似乎和这个理论有些相悖。

没错，我们就应该树立起这样的认识——木桶理论并非适合所有的企业、所有的市场、所有的环境。就以波导手机为例，如果它一开始并没有专注于营建及发挥自己在渠道、价格等方面的优势，而是专注于自主创新、搞科研，我们且不说它需要多长时间才能出成果，就是研发方面所需要投入的费用，也不是波导所能够轻言承受的。就算波导有充足的时间、精力及金钱投入到研发方面，但是相对于摩托罗拉、诺基亚等国际巨头而言，这些投入根本就不是一个量级的，波导不可能敌过这些国际巨头们在研发上的固有优势。

因此，广大的中小企业在起步与发展的初期，树立自己在某方面的优势并发挥这些优势，往往都胜过补短。

但是，企业一旦发展到了一定程度，情况就不一样了。中国的手机企业在有能力、有时间进行漏洞修补的时候，就应该及时弥补一些短处、淡化一些弱点，那么集体遭遇滑铁卢的情况就可能得到很大的改观。这，同样值得我们警醒！

■ 找准你的优势

"我们的优势在哪里？"一番 SWOT 分析（优势、劣势、机会、威胁）、A – MCR 全营销五管道分析（品牌、通路、服务、促销互动、信息传播），好像很快就能找到答案。可问题是，为什么我们那些所谓的优势，好像并没有显示出什么竞争力？

首先要提醒大家的一点是，问题不应该这样看。因为，我们现在提炼出来的优势，也许在目前并没有为我们带来明显的收益，但是如果没有它们，我们就会在竞争中更加吃力。

其次，再回到问题本身。我认为有这么两点需要我们注意，一是我们是否找准了自己的优势；二是我们是否发挥了自己的优势。

接下来，我们先来谈谈如何找准企业的优势。

我们在每一个大中城市，几乎都能见到许多的邮政储蓄网点。不过遗憾的是，这些储蓄网点的储蓄量，相对工行、建行等各主要银行及一些区域性的商业银行的网点，都低了许多。

之所以会出现这样的问题，一个重要的原因，就是邮政储蓄并没有找准自己的优势。

我们都知道邮政储蓄有许多优势，什么点多、面广、营业时间长、历史悠久、有信誉等，可以数出一大堆。但是，它最大的优势却是在农村，而不是在大中城市。同时，在农村市场，中行、建行、工行等几大银行的势力都相对比较薄弱，邮政储蓄面临的只有农行和信用社这两家的竞争，而且随着近些年来农民收入的提高、外地务工的创收，这个市场实际上得到了增量。

只有在这样的市场，邮政储蓄的点多、面广才会与自己在农村的固有优势，形成复合性的强势竞争力。因此，从这些方面来说，邮政储蓄在大中城市应该瘦身，转而重点发挥自己在农村市场的优势。

在我们身边，还有不少类似这般没找准自身优势的例子。它们都在提醒我们：或许企业的优势有一、二、三、四、五、六、七……但真正的优势往往就集中在那一两点上。

如何才能确保自己能够慧眼识珠呢？请不要封闭自己，一个人想当然地认为我在这方面或者那方面比别人强，而应该放开眼界，去关注对手的竞争力、消费者需求等细节，综合分析之后再下结论。

■ 有效发挥优势的技巧

企业找准了优势，但仅仅向经销商和销售人员宣讲是不够的，还得实实在在地运用这些优势。

实际上，总会有些企业只讲优势不用优势。比如，某个企业的老总对我讲，他的方便食品含有多少钙、多少硒，又享有着怎样的地缘优势等。但是，他却拿不出多少资金来做宣传，也没有将这些优势反映在产品的包装上。没有宣传、包装、陈列上也没有提及，作为消费者又如何知道你的优势呢？

当然，只知道运用自己的优势还不够，我们还必须将优势有效地发挥出来。

1. 巩固与强化

尽管许多的区域性鲜啤、鲜奶品牌，都享有因为地理、历史原因所带来的忠诚消费等优势，但是面对一个又一个强大对手的入侵，一个又一个地方品牌的衰落及出局的故事告诉我们，一旦你出现疏忽或错误，就极有可能被强者蚕食掉。

虽然我们在宣传力度、公关促销力度等方面可能与强者存在明显差距，但是，渠道就是我们巩固与强化自身优势的一个途径。比如，通过合理地布局渠道网点，把重点市场都控制在自己有效的服务半径内，确保服务及跟踪管理的落地，从而让自己有更强的渠道控制力，甚至设立起渠道壁垒。

2. 放大

说到格兰仕，许多人都会想到它是一个价格屠夫，其微波炉也正是凭借着价格优势而走上了世界微波炉市场的霸主地位。

但我们知道，持续的低价及低价下的利润都是需要支撑的，规模便是至关重要的一个支撑。因此，格兰仕开放了自己的生产能力，为世界上的一些知名品牌做起了代工。这有效地放大了格兰仕的优势，从而使自己达到了今时今日别人难以逾越的高峰。

采乐洗发水同样是个不错的例子。它通过进驻药店渠道，放大了自己去屑的专业性与有效性，同时也区隔了自己与飘柔、潘婷等强大对手的差异，从而弱化了竞争。

3. 将优势转化为强势

说到洗发水，有必要提一下舒蕾。这个品牌在十年前确立了终端拦截的优势方向，并以迅捷的行动、到位的执行，在短时间内就将优势转化成了强势——2000 年，舒蕾的销售回款超过了 15 亿元，市场占有率超越宝洁的海飞丝、潘婷等品牌，位列飘柔之后的第二位。

这帮助丝宝集团迅速由一个中小企业成长为一个化妆品巨头。

4. 资源整合

奥普浴霸的一位核心高管原是西安市场的一位代理商，格兰仕在福州的一个代理商后来又成为了格兰仕合资公司的操盘手……这些资源上的整合，都在帮助企业发挥自己在渠道上的优势，使自己在市场上能够更贴近消费者。

5. 优势集结

说到吉利，大家都知道它是中国汽车品牌的一个后起之秀。回头看吉利崛起的背后因素时，我们会发现：它采取了在性价比上集结优势的策略——吉利公司在深入研究了强势对手夏利之后，在相同配置的情况下，价格低于夏利，用价格取胜；在价格接近的情况下，配置优于夏利，用配置取胜。

所以，我们见到了不到四万元的轿车，拥有着电动门窗、铝合金轮毂、电动后视镜、中控门锁等配置。从而让消费者将夏利当成了标杆及参照物，很快认识到了吉利汽车的好处。

6. 基于优势做延伸

从 AD 钙奶开始，娃哈哈逐步树立起了自己在儿童食品领域的强势地位。换句话说，品牌就是娃哈哈的一大优势。为了发挥和放大自己的品牌优势，娃哈哈又选择进入童装领域。但是，至少在目前看来，这不是一个能称之为成功的策略。因为这样的延伸难以让童装共享到娃哈哈以前搭建起来的资源及平台优势。娃哈哈品牌的强势不是孤立的，它是以饮料、食品作为立身的土壤，是以渠道优势作为保障的。这也是众多企业会将多元化扩张局限在与主业相关产业上的重要原因。

我还要提醒那些正在寻找崛起之道的广大中小企业，除去刺激经销商、占位狙击、寻找新的销售增长点等因素不谈，与其投入重金去开发一个全新的产品，为什么就不能围绕畅销的、优势的产品做升级换代，在丰富产品线上"挖潜"呢？

　　市场成熟，增长空间有限……在很多情况下，都是让我们错失优势发挥的幌子！

第四章　竞争：扬己之长，攻敌之短

③ 将竞争劣势转化为竞争优势

在前面的内容中，我们探讨了如何将自己有限的竞争优势发挥到极致的问题。但广大市场弱者所面临的现实问题是，自身的劣势往往多过有限的优势，劣势对自身的制约甚至会大过优势对自己的帮助，并制约着优势的发挥。

因此，几乎每一个市场弱者都在思考着如何化劣势为优势。事实上，劣势、优势，就像强弱可以互换一般，也是可以发生相互转换的。

■ 匕首和长矛谁厉害

"一寸长，一寸强；一寸短，一寸险"，喜欢看武侠小说的朋友，可能经常会看到类似于匕首和长矛的这般对长短兵器的描述。但小说给我们最终带来的启示却是，匕首和长矛谁更厉害，关键还在于运用它们的人。

这样的道理，对于我们企业界及营销界的同仁来说同样适用——也许我们的短处太多，但是只要我们在化劣势为优势上有所作为，同样可能战胜那些貌似在许多方面都有长处、都强过我们的对手。

我曾经读过这么一个故事，在这里与大家分享一下。

有一个没有了左手的男孩，是练柔道的。（大家可以先想象一下柔道选手在拼搏时的情景，没有了左手意味着什么。）

对这个男孩来说，苦恼的不仅是没有了左手，更苦恼的是长时间以来，师傅就只教了他一招，并且告诉他只要把那一招练精、练强就够了。对此，男孩半信半疑。

不过，在一次少年柔道比赛中，男孩凭借那一招过五关斩六将，顺利地闯进了决赛。在决赛中，面对四肢健全，比自己高了许多、壮了许多的对手，男孩还是用那一招制服了对手，从而获得了冠军。

这个结果连男孩自己都有点不敢相信，他向师傅说出了自己的困惑。而师傅告诉他：我教你的这一招是柔道中最难掌握的一招；而对手要想破解这一招，最有效的办法就是抓住你的左手。

这个故事告诉给我们一个道理：我们会因为没有什么或者缺少什么，而存在不少的劣势，但是这些劣势恰恰能帮助我们修炼出独门功夫。扬长避短就是我们化劣势为优势的有效手段之一。

除了扬长避短之外，是否还有其他的方式、方法可以帮助我们呢？

■ 淡化劣势的策略

第一，满足消费者的多样化需求或是引导一个特定的需求。

就像我们买车一样，不仅会考虑品牌和价位，还会对配置、内饰、外观、油耗、启动及加速快慢等方面进行考量。对许多买车人来说，他们最终会选择哪个品牌的哪款车，往往都是根据综合指标占优以及自己最看重的指标，做出最后的决定。

这是在提醒我们，消费者的需求与决策依据往往是多样化的，他们的选择过程事实上就是一个权衡的过程。如果我们在某些重要指标上存在劣势，我们就可以基于消费者的多样化需求，在对手忽略的、可以影响消费者购买决策的其他考量因素上做文章，引导出一个特定的需求。

但是，对一部分消费者来说，消费决策是相对简单的，他们只注重品牌、价格或者服务等方面。在这种情况下，品牌往往会成为广大市场弱者的一个显性劣势，不过，价格、服务等其他方面的可塑性，依然可以为我们提供受消费者青睐的机会。

这就要求我们尽量去规避那些自己在短时间内难以改善的劣势，而要把自己的优势之于消费者的重要性，引导和展现在消费者的面前。比如，A、B两项是我们的劣势，但是许多消费者并不仅仅考量A、B，还会考量C、D、E，尤其注重C。于是，我们便可以引导顾客将C作为首要的消费决策依据，那么C就是我们淡化自身劣势的突破口。

第二，主动淡化劣势。

并非所有的劣势都是不易改变的，对于某些劣势，我们可以通过发挥主观能动性去淡化它。比如，参加一个展会，展览位置肯定是有好有坏的，如果我们展位不好就会处于一种劣势，这种劣势是可以通过促销引导来加以改变的。

第三，改善劣势的过程也会成为优势。

我们都知道华人首富李嘉诚。在他的一生尤其是创业阶段，也和我们一样面临过许多如何将劣势转变为优势的难题。

李嘉诚在创业初期，厂房还非常简陋，而一次火灾更是将他的厂房烧得面目全非。于是，他的对手抓住这个机会，给破烂的厂房拍了照，寄给了李嘉诚的客户。面临双重打击的李嘉诚，想出了一个化劣势为优势的办法——快马加鞭地把厂房重新建好，然后将新厂房和工人热火朝天工作的场景，拍成照片后也寄给了他的客户。客户将前后送来的两批照片一对比，觉得李嘉诚能够在这么短的时间让工厂恢复生机，他将来一定会有所作为。整个事件的结局是，李嘉诚赢得了更好的声誉和更多的客户。

这个例子告诉我们，我们改善劣势的行为、过程及其取得的成果，同样可以成为我们的优势。

其实，以上淡化劣势的方式并不仅仅是针对消费者的，同样也针对经销商及其合作伙伴。比如，渠道商既关注品牌也关注利润，虽然我们在品牌实力上很弱，但是我们可以通过给予经销商更高的利润的方式来淡化渠道商对品牌的追求。

扭转劣势的策略

第一，将敌人的优势转化为劣势。

"尺有所短，寸有所长"便是对这个问题最好的诠释。举个例子，如果大家稍有留意的话，会发现这几年在大街上跑的宝马车，比前几年多了许多。这并不是说喜欢宝马的有钱人比以前多了，促成这一现象的一个重要原因是——"国产"宝马的出现。

这是宝马采取的本地化、中产化策略。我们都知道宝马是成功者的品牌，但是它的高价格也让很多人望而却步。价格是宝马扩大消费群的最大劣势，也正是其他中产阶级的轿车品牌的优势。但只要宝马降价，其他品牌的优势将会被大大弱化。这些品牌丧失了价格优势，而其品牌影响力又远不如宝马，所以只能眼睁睁看着宝马将顾客从自己身边抢走。

不过话说回来，宝马的自降身价是否是个正确的决定，还有待时间去检验。因为，一旦代表着成功者的高端属性被淡化，难免会让部分原本钟爱宝马的高端消费者离它而去。

第二，找出并运用那些披着劣势外衣的优势。

有许多朋友都喜欢去盲人按摩院，除了盲人的按摩技术好之外，还因为有一些人不希望有人看到自己身上的瑕疵，这样使原本是劣势的眼疾却成了盲人的优势。

有位不足1.2米的侏儒朋友，为了给自己及其他侏儒朋友找条生路，于是创办了一家侏儒餐厅。清一色的侏儒是这家餐厅的特色，成为了其独特的优势卖点，生意火暴。

这些事例告诉我们，并非所有的劣势都是需要淡化和扭转的，对于其中的一些劣势而言，只要我们剥掉它们身上的"外衣"，就会发现这些所谓的劣势原来正是我们的卖点和优势。

第三，抓住那些"热爱"劣势的消费者。

为了更便于大家理解这句话，这里先举个例子。现在的消费者在许多高档酒楼里都能够吃到臭豆腐，但我们知道臭豆腐以前仅仅是难登大雅之堂的街头小吃而已。

为什么路边小吃也能进入高档酒楼呢？一个主要的原因就是：那些进出高档酒楼的人，有不少就是吃着臭豆腐长大的，后来发家了，但仍然对臭豆腐难以忘怀。正是这种儿时记忆，帮助臭豆腐等街头小吃改变了命运。

这样的事例带给我们的启示是：由于经济能力等条件的限制，并非每个消费者都有能力消费那些拥有很多优势的高端产品，从这个角度上讲，再劣势的产品都可以找到它相对应的消费者。在这种情况下，劣势反而成为了我们获得这些消费者青睐的优势。而随着部分消费者对劣势产品的认可及消费习惯的养成，也可能为身处劣势的产品带来转机。

有效攻击对手的弱点

我一直觉得中国的方便面市场是一个比较奇怪的领域。大家知道方便面进入中国市场有多少年了吗？接近30年！经过了漫长的岁月，很多其他品类的市场都发生了翻天覆地的变化，而这个市场却一直都是油炸方便面的天下。

而且，我相信许多朋友都知道，食品专家甚至卫生部这样的官方机构都在建议我们少吃油炸食品，因为油炸食品更容易出现致癌等健康问题。

事实上，早在多年前，就有过关于油炸方便面缺乏营养的讨论。但是，康师傅、统一等几家占据了方便面市场超过80%市场份额的寡头企业，宁愿采取保守策略在油炸方便面领域拼死拼活，也不愿意去非油炸的"蓝海"畅游；而那些熟读各种市场细分理论的中小企业，宁愿撞"南墙"、跳"黄河"，一命呜呼掉，也没人尝试去做非油炸的细分领域。

事实上，康师傅、统一等方便面巨头的保守策略，很难让人轻易地判定它们的对错。因为，就市场领导者而言，它们的市场份额已经处于一个相对稳定的阶段，它们要维护自己已经取得的优势地位，所以更强调防御而非进攻。况且，开辟一个新领域还要担负更多的不确定风险，比如先驱成为先烈，自己栽下树却让别人乘了凉。

2005年，有关麦当劳、肯德基以及方便面等油炸食品危害健康的舆论风波再次升级。这一次，终于有一个喊出"非油炸，更健康"的非油炸方便面品牌——"五谷道场"抓住了机会，横空出世。

现在，在"五谷道场"的身后，已经涌现出了一大批的跟风者，它们正在共同做大非油炸食品的市场，蚕食康师傅、统一等老牌巨头的油炸方便面市场。它们凭什么？凭的就是抓住并有效攻击了强大对手的弱点。

那么，我们如何才能找到并有效攻击对手的弱点呢？在接下来的内容中，我将主要从 A – MCR 全营销五管道——品牌渠道、物流渠道、服务渠道、促销互动渠道及信息传播渠道展开讨论。

■ 攻击对手品牌形象上的弱点

每一个品牌都有它所对应的消费群体，在这些消费者的心智中，品牌会逐渐形成一个比较稳定的形象。也就是说，无论一个多么大、多么知名的品牌，它不可能同时满足所有的消费者，因而它在消费者心中的形象也通常具有局限性。

举几个例子。我们想到补血品牌"红桃K"就会想到什么？补血快！但是"快"并不代表持久，所以强调补血持久的"血尔"通过攻击"红桃K"的品牌形象及定位上的弱点而成长了起来。

可是，我们的消费者如果同时追求快而持久，难道就要左手"红桃K"，右手"血尔"吗？所以，又有强调补血快而持久的补血品牌获得了攻击"红桃K"及"血尔"的发展机会。

事实上，早在近半个世纪前，就有一个非常著名的因为攻击对手品牌形象上的弱点而成长起来的品牌。它就是百事可乐。

我们知道可口可乐是碳酸饮料行业的老大，而百事可乐之所以会成为除可口可乐之外，碳酸饮料行业中的另一个巨无霸品牌，其中一个重要的原因，就在于百事可乐清晰而明确地抓住了"新一代"的概念——新一代的年轻人，新一代年轻人的饮料——并用"新一代"的概念向可口可乐发起攻击，将其逼向了"老一代"的墙角。

■ 攻击对手物流渠道上的弱点

首先，我们要攻击对手在产品上的弱点。

许多年轻的朋友都在用 MP3。可大家知道第一款 MP3 是什么时候登陆中国市场的吗？1999 年。大家又知道是什么品牌在统治当时的中国市场吗？是三星、JNC 等韩国品牌。

但是，这些品牌给市场的跟进者们留下了一个太大的、可以任意攻击的漏洞。那就是：当初的韩国 MP3 产品存在一个很大的缺陷——在使用的时候都需要安装驱动程序。在什么都讲究"傻瓜化"的时代，大家应该很清楚这意味着什么。

于是，作为市场跟进者的华旗资讯抓住了对手的这个弱点，立足于帮消费者解决这个问题。他们把 USB 的移动存储技术直接加入到了 MP3 播放芯片中，让自己的品牌——"爱国者" MP3 实现了即插即用。就是这么一个简单的做法，让爱国者经典 MP3 V 系列在上市 8 个月之后，就在市场占有率上超过了三星，成为了中国 MP3 市场的主流品牌之一。

其次，我们要适度攻击对手在价格上的弱点。

之所以会提"适度"这两个字，是因为就市场跟进者而言，无论是产的规模还是销的规模，无论是资金实力还是品牌影响力等方面，往往都是落后于市场领先者的。除非，强大的市场领先者认为我们还不够格，还不重视我们；除非它们存在机构臃肿、官僚作风盛行、反应机制僵化、管理流程过长的缺陷——这样，我们在价格战上的胜率才会得到一定程度的提高。

但是，姑且不说价格战是把双刃剑，万一强大的对手真的在第一时间参与到价格战中来，我们就不免会显得底气不足，缺少胜利的资本。不过，如果我们能将产品和价格做一定程度的结合，结果就会好很多。

比如，我们在上面提到过的爱国者 MP3。事实上，三星的市场占有率后来又超过了爱国者，但是华旗资讯又率先推出了彩屏 MP3，并攻击三星在价格上的弱点——爱国者彩屏 MP3 的价格，几乎和三星普通 MP3 的价格相同，这让爱国者再次超越了三星。

再次，我们还要攻击对手在通路上的弱点。

宝洁公司是世界日化市场的巨无霸，被许多人认为是"不可战胜"的。但是宝洁在通路上可供攻击的弱点，却成就了不少企业。

比如，你宝洁的强势市场是在城市，那我就农村包围城市，到广大的农村市场去打"游击战"，这成就了部分二线品牌。

再比如，有不少日化企业将宝洁的经销商成员发展成了自己人——你宝洁用什么经销商，我就挖这个经销商的"墙角"，挖不了我就和你共用这个经销商，用宝洁培养起来的经销商的市场能力，用"搭车"宝洁产品销售的方式，为自己的成长提速。所以，宝洁后来不得不开展经销商转型运动，将那些无法做到"专营专注"的经销商清理出局。

还比如，你宝洁对终端拦截不重视，那我就投入重兵，开展终端拦截。丝宝集团就是采用这个战术的一个典型。就像我们前面提到过的一样，它的舒蕾品牌甚至依靠终端拦截，将市场份额做到了洗发水市场的前三甲。而这样的位置，长期以来一直都是由宝洁旗下的飘柔、海飞丝、潘婷所把持的。

所以，再强大的对手都有它的短板和可供我们攻击的弱点。

现在，我们也不妨静下心来好好想想，自己的对手在产品、价格、通路等方面，有哪些可以供自己攻击的地方呢？

■ 攻击对手服务上的弱点

在为某浴霸品牌服务的时候，我们发现，那些自诩服务优良的市场领导者，从表面上看其服务并不占优——你说提供 2 年、3 年的保修服务，那些杂牌们就向消费者承诺 5 年、10 年保修，而且其中的一些服务还是你收费他免费。

事实上，5 年、10 年之后，这些杂牌还会存在吗？连它们自己都不知道。而那些消费决策谨慎、品牌意识强的消费者，也不会选择它们。但对另外一些消费者来说，他们仍会看中这些杂牌的低价以及长期的服务承诺。因此，不少小品牌、小厂家仍然获得了生存与发展的机会。在强者还没足够重视的三、四线市场，它们甚至还会活得很滋润。

对中小企业而言，在它们尚未发展壮大起来之前，同样会被许多人视为杂牌。但是，那些强势品牌又有几个不是从小牌、杂牌发展而成的呢？所以，我们不必气馁、不必哀怨，反而要抓住对手在服务等方面的弱点发起积极有效的攻击。

做服务就是做人心、做口碑，已经有不少企业将这种认识转变成了重视，通过积极攻击对手在服务上的弱点，从而获得了发展。比如，在医药保健品领域，就有为数不少的企业通过义诊、送药上门以及防病知识介绍等，在竞争激烈的环境中生存了下来。

那么，我们又该从什么地方发起攻击呢？对手服务慢，我就快；对手服务内容不全，我就更加周详；对手服务人员素质良莠不齐，我就打造一支高素质的服务队伍；对手三包期之后的服务都是有偿服务，我就瞅准机会搞一次免费年检服务……

不过，我并不赞成单纯比拼资源式的服务竞赛。因为与强大的对手相比，资源不足是我们的一大弱点。所以，在攻击对手服务上的弱点时，我要提醒大家注意几点：

一是找到你认为最有价值的消费者及客户并在他们身上投入重兵。

二是重点利用消费者及客户关注度高，而对手又做得不好的服务环节，展开攻势。

三是要注意减省消费者及客户在享受服务的过程中，所花费的时间、精力、金钱及物质等方面的成本。怎么理解这句话呢？举个例子。美国最大的汽车租赁公司是赫兹公司。这家公司在租车网点、储备车型及其服务人员素质上都很强势。但是，它仍然被自己身后的追随者——阿维斯公司找到了"等候队伍过长"的弱点。所以，阿维斯公司就对它的客户宣传："从阿维斯租车吧，我们（等候）的队伍更短。"

■ 攻击对手促销及宣传上的弱点

说到促销，许多朋友都会在心里面想起低价、折扣、赠送、堆头、端架、DM 等促销形式。

恭喜大家，一旦我们在对手促销的形式、环节及整个促销链的链条上投入关注，我们就离有效攻击对手在公关促销上的弱点更近了一步。如果再进一步分析下去，我们就可能在以下几个方面找到自己的攻击点。

第一，对手促销的脱节之处。

"促销造势空中飘，地面终端水中沉。"这是许多企业的真实写照。对这样的对手而言，我们要做的就是：开展没有高空宣传的类似促销，并把对手没有做到位的地面陈列、POP、促销海报等工作做好，让消费者循着对手的促销广告，最后找到的却是你。

第二，对手促销的可借势之处。

对手的造势以及一些地面工作的配合，会让某个品类的货架区人气急剧上升。这时候，我们就可以选择上促销员开展终端客流拦截，让自己也跟着沾沾光。

第三，重视被对手忽视的群体。

有家装饰公司曾经对大户型客户开展过声势浩大的促销活动——既在电视、报纸上搞宣传，又进社区搞展览、发传单，使得一些小户型的客户感觉到了不舒服甚至是歧视。这时候，另一家装饰公司就反其道而行之，专门针对被对手忽视的群体——小户型客户开展促销，并最终取得了不错的效果。

第四，可供攻击的缺陷。

我们要注意研究对手的促销活动在内容、形式及开展方式等方面的缺陷，如果从里面发现一些比较明显的漏洞，这样的机会一定不能放过。

我们以前做过一个针对青少年市场的休闲食品。该产品上市不到3个月，市场占有率就达到了18%。

这让当时的领导品牌感到了威胁。它为了狙击我们迅速做出了反应：搞了一次有多重奖项的刮刮卡有奖活动——消费者只要将12生肖的刮刮卡收集齐，就可以兑换一辆价值800元的山地车；集齐3张不同的生肖卡，就可以兑换一个文具盒……大奖山地车需要到厂家及经销商处兑换，而文具盒等小奖，出于方便消费者的考虑，就直接设在了各个售点上。

这个活动刚开始搞的时候，效果很不错，但是，很快它就偃旗息鼓，停下来了。为什么？因为这个活动有一个非常大的缺陷——3张卡、5张卡、8张卡……不同的卡数对应的是不同价值的奖品，售点的老板只要动一点歪念，促销利益就到不了消费者的手里，因为他们可以利用手中的刮刮卡再组合的便利，把兑出去的小奖说成是大奖，也可以把一个大奖说成是若干小奖，厂家根本就控制不了。

其实，对手的这个活动一推出，我们就发现了这个缺陷。从对手开展活动的第一天起，我们就有意识地安排自己的业务员，在平常的终端拜访及电话回访工作中，对各个售点的老板进行旁敲侧击，或者是"不经意"地点明，为对手这次活动的失败起到了推波助澜的作用。

这件事在某些人看来，可能并不光彩。但这就是营销战场的残酷，而且我们的行为也并没有越过法、理的界线。

另外，就像我们在前面所提及的，公关促销和信息传播几乎是一对分不开的孪生兄弟。怎样利用对手在广告宣传的内容和表现形式上，以及在媒介组合、时段、版面及频率安排上的弱点，也需要我们制定一个详细的攻击计划。

用足对手犯错的机会

在政治斗争中,几乎每一个人都乐于见到对手犯错,这样即使不能借机打倒对方,至少也能给自己多争取些机会。

同样,在营销的战场上,我们也希望自己的强敌能多犯点错。可是,难道我们就只能眼巴巴地等着对手犯错吗?如果对手犯错了,我们就只是待在一旁抿着嘴看热闹吗?

强者的灰暗日

事实上,那些横亘在我们面前的领先企业,甚至是那些看似不可战胜的强大品牌,从来就没有停止过犯错的步伐。

- 1981年,IBM公司在进入个人电脑领域时,如果能为这个分散的市场制定技术标准,就能获得桌面操作系统的拥有权以及巨额的利润。但是它没有,这成就了比尔·盖茨的微软公司。

- 1985年,可口可乐公司面对百事可乐发动的"新生代"营销攻略,面对自己与百事的市场销售额之比由34:1的巨大优势,变成只有1.15:1的微弱差距的时候,它当时的领军人物罗伯托·郭思达(Roberto Goizueta)竟然做出了改变已经存在了99年的可口可乐"神秘配方"。这是个错误的决定——可口可乐公司不但没有因此收复失地,反而带来了成千上万的消费者抗议与批评的灾难性后果，并助长了百事可乐的扩张。

● 1999 年，谁是中国笔记本市场的老大？是东芝，这个市场占有率达到了 21.5% 的日本品牌。但是，日本人在接下来的一年里，犯下了一个不可饶恕的错误——因为部分型号的软盘驱动器存在设计问题而可能导致数据遗失或损坏，同样的问题，东芝给美国的用户提供了 10 亿美元以上的赔偿，而对中国用户却仅仅提供了一个补丁程序。这让东芝在 2000 年失去了中国市场的老大位置，先后被联想、IBM、戴尔、惠普等超越。

● 2005 年，作为中国乳业三巨头之一的光明乳业爆出了"回奶"丑闻。这直接导致光明在 2005 年的销售收入仅仅只有蒙牛、伊利的 2/3。而结果就是，光明退出了中国乳业第一集团的争夺，并给后来者留下了机会。

……

时间来到了 2006 年的 9 月，如果我没有记错的话，应该是 9 月 5 日。就在这一天的早上，一个做速溶咖啡的客户来到我的办公室，在他的右手臂上搭着一份当天的报纸——尽管我眼神不好，但头版头条的那几个黑体大字我看得很清楚："雅士利等十种奶粉不合格"。其中的"雅士利"还单独用了红色，惹眼得很。

我心想："现在的媒体反应还真快！昨天国家工商总局才发布质检通报，说它的中老年奶粉因为铁、维生素 B1 实际含量超出标示值，标签也不合格，没想到今天就上了报纸的头版头条。"

"雅士利遇到大麻烦了。"客户见我盯着他的报纸，第一句话就这样说道。并在把报纸递给我的时候，补充道："竟然上了头版头条！如果不是得罪了媒体，就是有对手在搞鬼。"

雅士利，这个从 2004 年那次著名的阜阳毒奶粉事件中成长起来的品牌，从中央电视台到各个城市的卖场都能见到大手笔投入的活跃企业，肯定将为自己犯下的错误付出相应的代价！

其实，在这个月，遇到大麻烦的又何止雅士利？！那"强不可敌"的宝洁，它旗下的 SK-Ⅱ，也因为铬和钕等金属元素超标的问题，而不得不在这个月宣布退市和接受消费者的退货。

这些，能给我们带来怎样的启示呢？那就是再强大的企业，再强大的品牌都会有犯错的时候！我们要发展、要壮大，不仅仅需要自强，更要抓住对手的失误及过错，这对我们成长来说更是一次绝佳的机会，一定要好好加以利用。

那么，强敌们通常会在哪些方面犯错误呢？通过研究众多企业及品牌，我发现主要集中在这么三个方面：

其一，因为服务而出现危机。

其二，因为原料及产品质量等原因而爆出丑闻。

其三，因为战略选择上的失误或受对手逼迫而出现过错。

接下来，我们就要讨论如何利用对手们犯下的过错，以及如何促使对手犯错。

把对手往歪路上推一把

尽管我们的对手都会犯下一些或大或小、或多或少的错误，但是，等着它们犯错，就像在守株待兔，颇有点可遇而不可求的味道。所以，我们不能总是伸长脖子干等，有时候，如果我们能积极主动地将对手往歧途上引导，往歪路上推一把，也能获得对手犯错的机会。也就是说，对手的某些错误是可以被制造的。

事实上，几乎所有类似于宝洁、雅士利等企业及品牌出现的危机，当事企业乃至旁观者都很容易产生"是否有竞争对手在背后使阴招"的怀疑——在多数情况下，这些都是当事企业及品牌自己犯下的错，而与对手们扯不上一点干系。

在前面的内容中，我们曾经举过郭思达改掉可口可乐老配方的例子。在这个例子的背后，我们应该深究的是：到底是什么原因促使了郭思达最终做出这个错误的决定呢？它的起因源自于百事可乐的一则电视广告——该广告声称：在消费者参与未标明品牌的可乐口味测试的时候，更多的人选择了口感更甜的百事。

这其实是百事可乐为可口可乐设下的一个陷阱，而郭思达也正好钻进了这个圈套。但是，我们再思考一下：如果这则广告不是百事可乐，而是另外哪个可乐的，那么，可口可乐还会改掉自己的配方吗？可以肯定地说，这个可能性几乎为零。因为，能让企业乱了方寸的，只有那些受重视并严重威胁到自己的对手。

和可口可乐一样掉入陷阱的还有日本的麒麟啤酒。

1976 年，麒麟啤酒占有了日本啤酒市场销量的 64%，是高度垄断的寡头企业。但到了 2002 年，日本啤酒市场的老大早已变成了当日麒麟身后的"小弟"朝日啤酒。

为此，《日本经济新闻》曾专门发表社论，文中谈到弱小企业战胜强大竞争对手的条件之一，那就是：利用竞争对手的失误。

可是，麒麟啤酒又是在什么地方犯下了致命的错误呢？1993 年，朝日啤酒为自己旗下的"舒波乐"品牌发布了"生啤酒销量 No.1：舒波乐"的电视广告。这直接导致了麒麟啤酒在战略选择上的失误。

1996 年，麒麟啤酒公司把自己的强势品牌"麒麟 Lager"的生产工艺改成了跟随"舒波乐"的非加热制造，结果失去了大批老顾客的支持，销量因此大跌。也就是从这一年起，"舒波乐"蹿升为日本啤酒品牌中真正的 No.1。

说到这里，我们应该为如何将对手往歧途上引导，做一些有用的总结了。不过，我要在这里申明的是：以下的策略，并非是绝对能引起对手犯错的"必杀技"，而只能是更多地增加对手犯错的几率。

第一，让对手重视你，并切身感受到你的威胁。

可能有人会问，我们前面一直在讲定位区隔、开创弱竞争领域，不就是为了避开强大的对手吗，为什么现在又要与强者面对面去交锋呢？

当我们还是小羔羊的时候，当然不能去把大老虎唤醒，那是明摆着的自寻死路。但是我想提醒大家这么几点：

- 当我们的产品面市时，事实上就已经在与那些比自己强大的对手展开竞争了，只是强者还没有将我们列上那份标示为"（主要）敌人"的名单；
- 当我们发展到了一定的阶段，要想"更上一层楼"，就一定会与强大的对手发生正面冲突，近身肉搏是谁也避免不了的"宿命"。

所以，当企业发展到一定程度的时候，我们就要做好与强敌正面交锋的准备。在很多情况下，即使你做好了准备，可是对手却没把你放在心上。这就好比，将白雪公主身边的小矮人和中国神话当中的巨灵神摆在一起的时候，巨灵神对小矮人可能就是不屑一顾。

那么，如何才能引起对手的重视呢？凌厉的战略战术、销售业绩的上升势头，是引起强敌重视的最好武器。如果我们还没有能力在更广阔的区域引起对手重视，那就在区域市场成为对手的"眼中钉"，然后开始行使你诱导对手犯错的计划。

第二，找到对我们有利但对对手有害的谋略。

这是什么意思呢？即实施对我们有利的营销策略，步步进逼，让对手自乱方寸、错误跟进。比如，曾经有家做高端服装的企业，五六年来一直被一个对手压制着，让它很是不爽。终于，这家企业想到了一个点子，它把同为高端的一个子品牌，通过逐步开展低价促销活动的方式向中端延伸。一时之间，企业销量猛升。而对手为了扭转颓势，未加思索便采取全线降价的方式参与到价格战中。

说到这里，我想大多数朋友都可能猜到了结果。那就是，对手的销量虽然暂时起来了，但是利润却下降了；对手争取到了新顾客，但那些高端的老顾客却离开了。一个品牌从高端走向低端很容易，但是再想要往高端拉就非常困难了。

这家企业通过诱导对手错误地跟进，从而打败了自己在高端市场领域的一个强敌。

第三，发布与对手现行产品及营销策略不同的消费者研究信息。

我们在前面提到过的，百事可乐的消费者口味测试广告、朝日啤酒"舒波乐"品牌的"生啤酒销量 No.1：舒波乐"广告，就是属于此方法的例子。

■ 对手的危机就是我们的契机

并不是所有的错误都是我们制造的，对手自己也有可能犯错，对此，我们更要懂得加以利用。同时我们还要提醒自己：某个强大的对手所犯下的错误，对自己及其更多的竞争对手而言，机会都是公平的，关键是看谁抓得住。

在这一点上，我们要向东盛集团学习。

十几年前，中国感冒药市场的老大位置一直被中美史克的"康泰克"品牌占领。直到2000年那起著名的PPA事件的发生，这种局面才被打破。

2000年的11月，国家药品监督管理局发布了《关于暂停使用和销售含苯丙醇胺的药品制剂的通告》，这就是著名的PPA事件。这让当时的感冒药品牌NO.1——康泰克，处在了事件的中心，最后因产品含有苯丙醇胺而不能不含恨出局。这一下便给当时的中国感冒药市场腾出了6～7个亿的市场空间，并带来了重新洗牌的机会。

有人倒下了就有人站起来。而这次站起来的佼佼者，就是东盛集团的"白加黑"品牌。援引当时某媒体的话说："'白加黑'是'PPA事件'的最大受益者，'康泰克巨人'倒下了，'白加黑巨人'站起来了。"

可是，"白加黑"又是如何站起来，成为市场佼佼者的呢？

- 在PPA事件爆发的当天，东盛的高层就意识到机会来了，立刻着手筹划行动方案。
- 第二天，邀请呼吸道疾病领域的相关专家召开了新闻发布会，说明PPA事件的来由、PPA的危害；同时，向公众宣传强调自己的"白加黑"不含PPA，可以安全服用。
- 迅速调整"白加黑"的原有广告，集中投放"白家黑不含PPA，请放心服用"的新电视广告。
- 针对后来出现的一些地方媒体对"白加黑"的指责，东盛利用媒体的力量广发声明，通过大量正面的声音压制了那些负面消息，让"白加黑"远离了PPA事件对感冒药市场的不良影响。

基于"康泰克"自己的失误，让"白加黑"的销售业绩得到了迅速的增长。在PPA事件爆发后的一两个月内，"白加黑"的累计发货金额就达到了2亿元。到2001年年末盘点的时候，"白加黑"在与一大批"豺狼虎豹"的竞争中实现了近3亿元的销售额。

讲完白加黑这个案例，我们能从中得到一些什么样的启示呢？

首先，对手犯错了，要马上与对手形成隔离，不要被拖进这个错误当中。

从东芝笔记本事件，到肯德基、麦当劳的苏丹红事件，再到光明牛奶的回原奶事件、宝洁SK-Ⅱ的金属元素超标事件……一大堆的事件告诉我们，强敌们的错误更多地来自于自身产品及服务所引发的丑闻，甚至难免会波及到整个行业。

在这样的背景下，我们就必须把对手可能引发行业震动的错误当作传染病来隔离。而且这样做，往往还能更好地树立起自己的正面形象，增加消费者的信任度。

其次，要抓住机会，放大对手的错误。

尽管东盛集团并没有在PPA事件爆发后，对"康泰克"使什么阴招，但是它的新闻发布会及其一系列新闻报道、公关宣传等措施，无疑加大了消费者对PPA危害的敏感性认识，这难免会在一定程度上，加重"康泰克"的损失。

再次，第一时间采取行动。

俗话说"机不可失，时不再来"，哪怕我们只是晚了半步，就可能被另外一些对手抢了头彩。如果企业要做到这点，往往需要我们的营销管理者，以及企业高层能有一颗对机会敏感的心，有意识地"不在门外看热闹，而进门内起风云"。

最后，还要做好被攻击的准备。

利用对手犯错的机会做文章，难免会被人认为我们是在趁火打劫，难免会遭到犯错者或明或暗的反击。而且，"螳螂捕蝉，黄雀在后"，我们甚至还可能遭到另外一些对手的"栽赃陷害"，而陷入和犯错者一样的境地。因此，我们必须一手抓进攻，一手抓防御，做好应对危机的准备。

下面再说些有关东盛集团及"白加黑"的题外话：东盛集团因为近年来的过度扩张所带来的资金压力，侵占了旗下上市公司总额高达十几亿元的资金，在不得不启动偿债计划的背景下，2006年10月，东盛正式与世界500强企业德国拜耳医药保健公司签署了价值12.64亿元的资产出售协议，将旗下包括"白加黑"在内的三个品牌的相关业务出售给了拜耳公司。

6 预见对手的行动

相信有不少的朋友，在闲暇的时候都玩过 QQ 跳棋游戏。不管有无"修路工""路障"等道具，你每走一步棋，既要想好怎样为自己搭桥、"直捣黄龙"地攻占敌营，又要判断对手的下一步棋是什么——不说把对手的路堵住，至少得尽量避免自己给敌人搭桥修路。也许有人会说："我从不考虑这么多，我只需要根据电脑的提示，看哪颗棋走得最远就走哪颗。"但这往往就是一个高手与一个庸手的区别。

在营销的战场上，也是如此。俗话说"知己知彼，百战不殆"，俗话又说"不打无准备之仗"，显而易见的是，提前探知和了解对手的下一步计划，将会大大提高自己的胜算。

可是，怎样才能预见对手的行动呢？

■ 骑在巨人的头上打巨人

在一些电影、电视剧里面，我们偶尔会看到一些身单力薄的"小不点"，骑在巨人的头上打倒巨人的好戏。在市场竞争中，我们也能看到这样的精彩好戏。

我曾经参与运作过一个房地产项目。这是个只有 202 套房子的小楼盘，最开始的处境比较糟糕，销售抗性也很大。原因何在？

首先，该项目上市销售的时节是在3月，关心房地产的朋友都应该知道，这个时节的房地产市场是相对清淡的。

其次，当时的整个房地产市场还处在黎明前的黑暗期，市场比较低迷，成交量很小，许多项目都在以折扣、赠送物管费等方式，或明或暗地打着价格战。

更为要命的是，这个项目从诞生之日起，旁边就侧卧着一只大老虎——仅一墙之隔，便是某上市公司推出的占地20 000m^2的名盘"国际花园"——该项目上市不到一年时间，就投入了超过600万元的广告费，硬生生砸出了一个响当当的品牌，并且一直处于持续的大手笔投入中。与它相比，我们的楼盘无论是在社区规模、容积率、绿化率、景观，还是在内部功能设施、楼间距等方面，几乎样样都让人灰心丧气。

当然，我们也有三样东西是这个强敌所没有的。一是我们的主力户型是75～128 m^2的紧凑实用型户型，而对手准备在下一期工程中才推出这样的户型；二是房价平均比它低了50元/m^2；三是勉强还可以讲一讲那个不到3000 m^2的榕树主题公园。

面对这样的市场环境，我们应该怎么办？有首革命歌曲不是这样唱道："没有枪、没有炮，敌人给我们造。"对，我们就无势借势、无力借力。

对手投入巨资打造出来的"国际花园"的品牌，不是不能注册吗？那我们就取名叫"国际花园·榕苑"，前期的营销沟通主题甚至就直接定为了"同样的名字，同样的可爱"。从售楼部置业顾问的销售说辞到楼书等销售道具，从报纸广告到现场包装等，我们的一系列营销措施都围绕着借势借力做文章，并期待着"国际花园"方面做出反应。在我们看来，对手的反应越大，对我们就越有利，低成本强势营销之路就算是成功了。

事实上，又有谁会甘心为他人做嫁衣呢？"国际花园"方面肯定将会有所反应。一方面，我们的借势行为直接摘取了它巨资打造出的"国际花园"品牌的果实，让一个新生的房地产项目一面市就站进了知名大盘的行列，省去了一大笔营销推广费用。另一方面，我们的借势行为也难免会使消费者的认识产生混淆——消费者可能会认为我们就是"国际花园"的某一期工程，楼盘品质自然也就不会低，而且我们现在的主力户型正是"国际花园"准备在下一期推出的，这显然会对国际花园现在及未来的客户造成严重分流。

可是，"国际花园"将会做出怎样的反应呢？它会使出什么样的招式？通过换位思考和分析，我们认为，如果我们是"国际花园"的开发商，最可能采取的措施就是：

其一，通过媒体，尤其是报纸上的软性新闻来澄清、辟谣，并通过强调绿化、景观、楼间距等来说明其品质是我们所无法相比的——我们看得见的手段；

其二，通过置业顾问的销售说辞来打击我们，甚至还可能出现一些诋毁、贬低的言辞——我们看不见的手段；

其三，对手可能会预告市场，提前推出以紧凑实用型户型为主的下一期工程。

针对我们所模拟出的对手反应，我们提前在以下几个方面做好了应对的准备：

首先，针对对手所谓的"辟谣"及区隔性打击，我们提前炮制出了一批不同主题的报纸软文。比如，如果对手通过绿化、景观等，攻击我们楼盘的生活品质是无法与其相比的，我们就可以说"羊毛出在羊身上"，绿化不在多，只要达到一定的"度"就行了，"多余"的绿化还意味着物业管理费用的增加，房子或许是一锤子买卖，但几十年的物业费可是躲不掉的。

其次，针对我们看不见的手段，我们也做了几手准备。

其一，派人伪装成买房的客户，不定期到对方的售楼部"踩盘"摸底；

其二，发动关系好的媒体记者做"间谍"，试探对方的管理层意见；

其三，我们不说对方坏话，传达共同打造"国际花园"大品牌、大家共生共荣的概念。但是，如果对手出现了诋毁我们的言辞，我们也会统一销售说辞："国际花园之所以敌视我们，把我们当成心腹大患，这正说明了我们的项目的性价比是得到客户认可的，跟它不相上下。"

再次，针对"国际花园"方面可能提前推出与我们在户型上构成直接竞争的下一期工程，我们也准备通过提高成交率、营造旺销氛围、突出准现房等措施延长热销周期，加快销售进度。

事实上，这些提前做好的充足准备帮了我们的大忙。因为，在我们的第一期报纸广告、第一篇报纸软文刊发出去之后的一个星期内，"国际花园"方面就相继以名为《国际花园花开两枝？》《此"国际"非彼"国际"》的软文，吹响了反攻的号角。

但是，所有的这一切都被我们预料到了。我们根据事先做好的准备，始终掌握着主动权，一步步引导"国际花园"方面投入更多的时间和精力来与我们打"口水仗"。

大家知道这场你来我往的战争，在媒体上持续了多长的时间吗？整整两个月！

就在这两个月中，"国际花园·榕苑"以低成本的软性新闻为主要载体，从零知名楼盘变成了知名楼盘，更重要的是取得了非常好的销售成绩。

在上面这个案例中，我们之所以能取得成功，是因为我们清楚地预见到了对手的行动并做好了充足的战略战术准备。那如何预见对手的行动呢？有这么几点非常重要。

第一，清楚对手的处境。

什么处境？可能是现金流、销售指标、赢利预期、市场份额目标上的处境，也可能是渠道商、销售队伍、库存压力、消费者信任危机上的处境。

第二，把自己当作对手，设身处地地换位思考。

清楚了对手的处境，就要把自己当作对手，进行换位思考：如果自己是对手，面临特定环境下的竞争攻势，将会做出怎样的战略战术决策。

第三，模拟出对手的反应。

只有摸准对手要出什么招，弄清楚是威胁还是机会，我们才能制定出正确的对策。

第四，构建可靠的信息源，掌握对手的动向。

信息是需要搜集和查探的，信息也是动态的，这决定了我们应对动作的精准性和调整措施的及时性。

第五，制定出应对的措施。

前面所有的准备，都是为了让自己提前制定好对抗强敌的措施，掌握主动，提高营销战的胜算。

殊途同归，或许你做的是食品、饮料、药品、保健品……而非房地产，但你仍然可以从前面的内容中，得到相应的启示。

■ 真的需要打入敌人内部吗

前面我们讲到了要预见对手的行为，我们就要构建可靠的信息源，掌握对手的动向。如何搜集信息、掌握对手动向呢？摆在我们面前的，只有两条路。

其一，通过某些查探的渠道，直接获知对手要做什么。

其二，通过对手的某些言行，过滤、分析这些言行所传达出的信息，而后推断出对手的下一步招式。

说到第一点，可能很多朋友的脑中都已经闪现出"间谍""特务""叛徒"等字眼，就会想到某些商业零售企业互相派人踩探对方价格及促销活动的新闻。有些朋友甚至还会在心中暗想，自己以前就干过这样的事：安排自己的人进入对手的内部，或者是拉拢对手内部的人成为自己的内线。

营销的战场是残酷的，你多打倒一个对手，就可能意味着你多了一份生存和发展下去的机会；你多了解对手的一点信息，就可能意味着你多了一份胜算。而要做到这些，有的时候似乎就需要做出一些违背竞争规则的事。

这对那些驰骋全球的企业大鳄们也不例外。比如，在2002年，Oracle（甲骨文公司）的首席执行官坦承雇用私人侦探调查过微软公司的销售行为，翻查过竞争技术协会的垃圾桶，试图找到微软公司向这个组织行贿以影响反垄断案审理的证据。2001年，在联合利华的质疑之下，宝洁公司承认自己的雇员以不符公司规定的途径获取了联合利华公司的有关护发产品的资料，但否认其行为是违法的。

我们不提倡大家用到以上的手段，如果要获知对手的行动，也不一定需要打入敌人的内部。事实上，正如图4-1所示，我们还有不少可以查探对手下一步行动的途径。它们向我们昭示出：在对手的内部及其渠道成员等利益关联人之中建立起自己的关系网，有利于我们获取对手更多的信息。

在这么多的途径中，有哪些是我们需要重点关注的环节呢？对手的渠道商！

在公关、广告、促销及其新产品上市活动之前，企业会做什么？传达信息！也就是说企业销售系统的人员以及渠道成员，都可能接到口头或书面的通知。对那些保密意识不够的渠道成员来说，很容易成为泄漏企业机密的源头。比如，你去找对手的经销商合作，他就会搬出对手的市场支持是多少，现在又准备搞什么活动等，来向你索取更多的资源和支持。

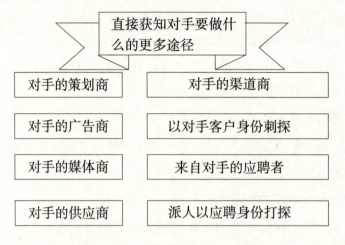

图4-1 获知对手行动的途径

对于二级批发商和零售商来说，只要你稍做引导甚至是不做引导，它们就有可能向你透露对手的信息，以希望获得你更大的投入。

■ 要做事前诸葛亮

每一个人或每一个企业，都希望自己能做到先知先觉，即使做不到先知，也至少比他人先觉。可是，我们经常会听到诸如"当初，我就认为……"之类的"马后炮"，为什么大多数的人都更像事后诸葛亮呢？

具体的原因可能有很多。如果事前我们不能判断对手的行动，那只能在事后大放"马后炮"。

事实上，在对手不少言行的背后，都可能隐藏着它要在下一步干什么的有用信息（见图4-2）。

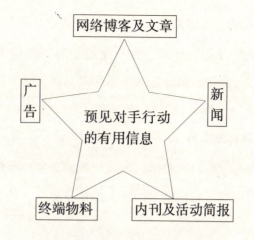

图 4-2　获得对手信息的方法

1. 新闻

任何一个企业，都会运用新闻媒体的资源及能力来宣传和报道自己，而这些新闻里面往往就隐藏着不少的有用信息。比如，对手一条生产线竣工并完成调试的新闻，就可能意味着对手将有新产品上市或产能扩大；对手一则关于新产品发布的新闻，就可能意味着新产品上市的宣传、促销活动即将接踵而至；对手一则关于公关、促销的新闻，就可能已经明确透露出对手将要开展什么样的活动信息；如果对手是一家上市公司，它公布的中报及年报里，同样可能潜藏"某产品库存压力增大，公司拟……"之类的信息。

2. 广告、终端物料

广告、终端物料基本上就是企业开展广告、公关和促销活动的产物，信息传达得也会非常直接。那些报纸、电视等大众媒体上的广告，那些企业的海报、立牌、DM 等宣传物料，以及企业开展的这些活动是单独的还是有后续动作的"连环套"，就是我们了解对手下一步行动的途径。

3. 内部刊物及活动简报

尽管它们是内部发行的，但往往就是对手泄露其机密的载体。而且，它们蕴含的信息量大、全面而具体，还有不少内容是关于未来的事。

4. 网络博客及文章

现在，还有一些新的载体，也成了我们研究对手的现在及其下一步动向的途径，它们就是网络上的博客以及一些营销管理类的文章。

在一些博客网站，我们不仅能够见到企业普通员工写的博客，还能见到不少销售经理及公司高管层写的博客，以及一些为企业提供咨询服务的专家顾问们写的博客。这些博客上的日志，有不少都和企业的产品、定位、管理、经销商、销售政策、营销活动等内容有关系。只要你有所留意，或许就能从日志的字里行间，发现你所需要的对手的信息。

还有一些营销及管理人士经常在相关的营销管理类媒体上发表文章。从他们的文章中，我们往往不难找到其所在公司、所处团队的影子，以及他们对已经、正在遇到的问题采取过什么样的措施等，也能从一定程度上反映其公司的下一步走向。

我们所要做的就是，通过以上这些途径和方法获取信息，利用其中的有用信息，做出自己的正确判断，做个事前诸葛亮。

■ 为预见对手的行为提供组织保障

收集和整理信息是一个系统的过程，仅凭个人的努力是不够的，还需要企业在组织上提供必要的保障。

正如图4-3所示，要想获得更适时、更全面、更翔实的对手信息，我们就需要更多的销售人员、市场企划部人员以及渠道成员参与进来，以定期收集、定向收集、突击收集相结合的方式，适时更新对手的档案信息，并形成一种制度。

图4－3　信息收集和整理流程

事实上，这应该是整个营销系统、整个组织的事，要想这个制度得到很好的执行，就必须从公司总部到分支销售机构再到基层销售人员，包括渠道成员，形成一个多级、多层面的信息收集、反馈及交流机制。

但是，仅仅做到这些是不够的。如何做好信息的过滤及分析，如何将其中有用的信息切实地利用起来或许更为重要。

在这个问题上，我们需要提醒自己的是：谁都能开展市场调查，但不是谁都能分析的。因为对手很可能会散布虚假信息来迷惑我们，所以我们要尽量安排那些具备一定营销素养、心思缜密、逻辑性强、对问题敏感并掌握了一定专业工具的下属负责对信息进行过滤和分析。当然，利用团队的力量来解决这个问题也是一个不错的办法。

最后，我还要提醒大家两点：

一是要注意为自己的对手归纳其企业性格。

一个销售团队也好，一个企业也罢，都像一个人一般是有着属于自己的性格的，只不过这个性格更多地烙上了营销老总及各级营销负责人的印子。因此，我们平常应多了解这些人的性格，归纳他们完成销售目标、遭遇不同挑战时的行事方式，这有利于我们对对手的下一步动作做出更加准确的判断。

二是不要孤立地看事件，要注重营销的系统性。

比如，一个促销活动的背后，可能在渠道促销、购买堆头或端架、布置物料、做广告、卖点调整等方面，隐藏着一系列相关的信息。分析这些信息，将有助于我们认识到对手动作的连贯性，有助于我们更加全面地了解对手的动向，有助于我们更有针对性地制定应对措施。

第五章 传播：低成本运作收奇效

1. 让自己快起来
2. 找到低成本炒作的秘诀
3. 事件营销的本质
4. 网络营销的有效运用之法

 让自己快起来

"船小好掉头""快鱼吃慢鱼"……几乎所有的市场弱者，都知道灵活、速度之于自己的重要性。但是，到底如何才能让自己快起来，如何在快速中保证自身的安全，却并不是每个人都清楚的。

速度，在我看来，它是一个系统。

■ 创新者的经典难题

我们知道，这个世界上的大多数市场细分任务和创新任务，都是由企图出位的市场弱者完成的——换句话说，大多数的市场创新者实际上就是市场上的弱者。

而那些所谓的强者，考虑得更多的是市场防御。它们中的许多人宁愿背上跟风者的名声，选择那些有潜力、有前景的产品跟进，并通过自身的强大资源及能力后发制人，也不轻易从实验室挑选出几件与众不同的创新产品投放市场。

也许有人会认为，强者的加入对于培育细分市场和做大市场蛋糕来说是一件好事，但是，这显然会威胁到创新者的生存与发展。事实上，威胁到创新者的还不仅是那些采取后发制人策略的强者，还有众多和它处境相似的弱小之辈，也同样虎视眈眈，妄

图能够坐享其成、分一杯羹。

这几乎就是所有的创新者都要面对的一个共同难题。最近与我合作的一家企业,就遇到了这样的问题。

这是一家做道路、金融及公共安防系统的企业,它的产品相对传统的电子警察等设备,具备海量存储、传输快、可连续抓拍等不少优良性能。尽管,监控镜头是理光牌的,一些零配件也是委托生产的,但是产品的核心部件——电脑芯片,却是这家企业历时三年研制出来的成果,具有自主知识产权。

但是,产品真提到上市议程了,这家企业却又开始犯难了。一个主要的问题就是:作为应用技术,很容易被别人模仿和跟随。万一要是被对手盯上了,自己又该怎么办?

我告诉他,抓住一个关键词,那就是"速度快"。

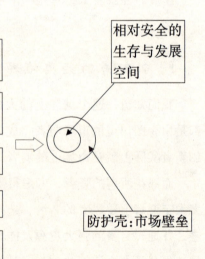

图 5-1 创新企业的生存与发展

如上图所示,创新者要想获得相对安全的生存与发展空间,就必须做到"四快",并尽快确立自己的市场地位。这就是这家企业以及更多的创新者，需要共同努力的方向。

下面，我们重点探讨如何做好"四快"。

■ 保持产品的领先

对一个市场弱者来说，这点似乎很难做到。因为，要在产品上保持领先，就必须有强大的技术研发实力和后备产品的储备，相对于那些强大的对手来说，这些似乎正是我们的弱项。

但是，我在这里要提醒大家：

第一，谁说更快地推出新产品，就一定要具备强大的技术研发能力？

娃哈哈告诉我们，咖啡可乐就是咖啡加可乐。只要我们将两个不同的产品进行嫁接，改一下配方，或者换个包装、换个概念，或者在原产品上进行升级换代等，这些简单的革新就能让你很快地推出新产品，从而保持产品领先。

第二，谁说更快地推出新产品，就非要自己研发？

技术、配方及专利购买，兼职科研人员的引入等，都是一些可以利用的途径。

第三，谁说要更快地推出新产品，就非要技术创新和功能创新？

把我们原来的目标消费群，按年龄、区域差异、知识结构、收入差异、产品使用环境及其性别等，继续做更细致的细分，将会帮助我们更好地占有与稳固市场。

第四，谁说更快地推出新产品，就一定要和强敌比？

当我们领先于除强者之外的其他大部分对手时，我们同样在为自己赢得机会。电子计算器市场的卡西欧，就能给我们带来这样的启示。

卡西欧是当今电子计算器市场的领导者，曾一度占领高达30%以上的市场份额。但是，卡西欧成长为市场霸主的历程却并不算长，更确切地说，它仅仅用了五六年的时间。

它是如何做到的？秘诀就是速度！

在卡西欧进入电子计算器市场的前几年，霸占领导者位置的是夏普。而这个强敌所赖以成功的一个核心要素，同样也是速度——对手如果要100天才能推出一款新产品，夏普只要75天；对手如果要180天才能通过扩产降低成本，夏普只要90天；对手如果要200天才会低价销售，夏普只要100天。

卡西欧要想虎口夺食，就必须和夏普比拼谁的速度更快。卡西欧的竞争方针是：在推新品、提产量、降价格的速度上，都要比夏普快一倍。为了确保自己能比夏普更快地推出新产品，卡西欧缩短了自己的研发流程，把那些待在实验室的科研人员全部赶到了市场一线，让他们通过与消费者的零距离接触，获得开发新产品的灵感和方向。

这种办法至今都值得我们学习。

▌更快地形成规模市场

说到这里，可能许多朋友都会想：我们正在做啊！可是，大家做得怎么样呢？大多数人可能都做得不怎么样。

为什么？钱不够、人不行、经销商不得力……我们可以给自己找到许许多多的理由。但是，我们也可能忽略了两个问题：

其一，众多的企业一谈到规模市场，就以为自己同时做广西市场、安徽市场、江苏市场、河南市场……就是规模市场。也就是说，大家把区域市场的运作数量当成了规模市场，好像在比谁能在更短的时间内启动更多的市场似的，而不是比在这些市场所获得的销量及利润。还有些企业想得很美好，认为市场越多、机会就越多，而忽视了自己是否有相应的资源及能力进行支撑。

这些思想误区，都会增加资源的分散性"浪投"。按一些喜欢打篮球的朋友的话说，我们只听见篮球砸到球筐上梆梆作响的"打铁"声，人是累趴下了，球却总是进不了筐，球进不了筐队伍就得不了分，到最后肯定是"输就一个字"。

与此形成鲜明对比的是，在我和东北的某白酒企业交流的时候，这家企业的老总告诉我，曾经有许多东北以外的经销商找上门来，希望能代理自己的产品，但是，他都拒绝了。为什么？因为他非常清楚，自己的企业还不具备运作更广域市场的能力。如果没有一定的把握，自己宁可不动。

其二，几乎每一家企业都知道样板市场的重要性，都在依托样板市场启动规模市场。但是，除了总结营销模式之外，样板市场的作用却更多地局限在了招商的功能上。

比如，我们现在最多具备运作四川、贵州、重庆、云南几个西南市场的能力，样板市场也设在了这几个市场中的某一处。但是，由于某个企业领导一时心动，想一口吃成个大胖子，实现"祖国山河一片红"，什么西北的、华北的、东北的、华东的、华中的经销商，都想一下子、一股脑地考虑进来。如果真这样做，企业肯定是吃力不讨好，要么半途而废，要么把老本也给搭进去了。

现在，我们再来谈谈企业在运作规模市场时还要注意的其他几个方面。

第一，"欲速则不达"，进入规模市场一定要有节奏。

从一个企业的老总、主管营销的副总这些总指挥官，到销售经理这样的前线指挥官，都应该有清晰的战略步骤，清楚自己什么时候该攻打什么市场，什么时候该攻打什么渠道。

千百年来的战争史告诉我们，战线过长在大多数时候都难以换来好的结果。换句话说，一味贪大、贪快，只会让本来就弱小的自己变得更小、更慢。

第二，做样板市场要更有针对性。

我们都知道，中国市场的地方差异性非常大，要想用一个或少数几个样板市场的成功经验来启动全国市场，这将是一件非常困难而且难以完成的任务。

因此，我们在选择样板市场的时候，一定要非常清楚自己下一步准备启动哪几个区域市场，要选择其中具有代表性或者具备比较高共性特征的地区作为样板市场来打造。这样，我们的样板市场就能为我们成功启动这些区域市场并最终形成规模市场，提供更多的有针对性的保障。

第三，以样板市场带动周边市场，实现成片区的启动。

周边市场与样板市场往往具有很高程度的共性特征，而且有样板市场的示范、辐射和影响，我们也比较容易启动这些周边市场。

但是，我们却总能见到一些企业，放着距样板市场只有几十里远的周边市场于不顾，而非要急冲冲地跑到一千里甚至是几千里远的地方去开辟新市场。有人说，我这是星星之火，迟早可以燎原。可是，像你这样两点、三点……星火，而且还是散乱的、没有形成片，甚至是连可以相互呼应、串联成线的都还没有，你的星火何时才能燎原，何时才能形成真正的规模啊！

除了上述内容，还有这么几点能够帮助我们更快地形成规模市场。

第一，从高端市场打回低端，带动低端。

这里的高端市场，可能是指北京、上海，也可能是指广州等省会市场。就像高端人群对中低端人群，大城市对中小城市来说，往往具有更强的带动力。

盘龙云海的排毒养颜胶囊，在这方面就是一个很好的例子。这个多年盘踞排毒市场领导地位的产品，最开始拿下的就是北京市场这个高地，然后再向其他大中城市进军。但是，这个策略显然更适合那些具备一定资源及能力的企业，对更多的中小企业而言，"农村包围城市"的策略，则显得更为实际一些。

第二，进入对手可以辐射和影响到的，但却未能重视的薄弱市场或边际市场。

这样的市场，进入的壁垒往往比较低，而且消费者还得到了一定的培育，是比较容易启动的。

第三，跟进你的对手，对手打到哪里，你就跟到哪里。

为了更快地形成规模市场，有不少企业采取了让对手在前面开路，对手打到哪里，自己就跟到哪里的策略，最后取得了不错的成绩。比如，中国劲酒就曾用这个策略，跟在椰鹿龟岛酒的后面，很好地带动了自己的成长。

■ 比对手做出更快的市场反应

相对那些强大的对手，作为中小企业的我们本应该能够做出更灵活、更快速的市场反应。因为，我们没有庞大的官僚化机构，没有臃长的管理层级，也没有繁琐的申报及审批程序。

但在现实中，往往却不是这么回事。

比如，哪里发生洪灾了，哪个地方又地震了，最开始站出来提供赞助的往往都是那些堪称强大的企业及品牌。而我们知道，第一个提供赞助的企业往往都能吸引更多的眼球，获得更大的关注——尽管，这第一个赞助者实际上并没有赞助多少，甚至赞助品全部都是保质期正在一天天临近的库存产品。

再比如，我们和某个强敌的产品陈列质量一起变差了，往往最先改善陈列的不是我们而是对手。因为对手的销售人员能够在第一时间发现问题，并在第一时间与商家做出协调，而我们的销售人员甚至不会意识到自己的陈列已经变差了，或者是即使意识到了，也可能会觉得差一点没什么大不了的。

大家都知道"兵贵神速"的道理。现在，摆在我们面前的问题显然就是：为什么本应该做出更快市场反应的我们，反而会落后于那些躯体庞大的大象级对手？我们的市场反应又如何才能得到提速呢？

首先，踩在动态消费与动态竞争的节拍上。

在20世纪80、90年代，流行穿喇叭裤和灯笼一样的太子裤，现在呢？不久之前，我们还能通过特价或买赠活动引来消费热情高涨的顾客，现在呢？这些都说明，消费者的消费需求是处于动态发展中的。

上个月，对手的渠道促销活动还是买十赠一，这个月却变成了买八赠一；昨天，某个对手还在为自己的促销人员提供月薪，而今天就变成了周薪制。这些都在说明，市场竞争是动态的。

因此，不要以为自己的营销计划已经制定好了，就可以按部就班地实施了，随着市场环境的不断变化，我们还需要不断地对这份计划进行修正；不要以为对手上个月做了什么，这个月就会继续，我们还应该预见到对手的变化，做出应变的准备；不要以为产品广告就是一成不变的，消费者也会审美疲劳，相比对手的花样百出，你还能吸引住消费者的眼球吗？

其次，让管理者与销售队伍一起提高营销素养。

为什么在青岛啤酒、燕京啤酒引领奥运（体育）营销的潮流中，华润啤酒的管理层却决定"逆流而上"，选择运作非奥运（体育）营销？为什么作为中小企业管理者的我们，只知道随大流却不能独辟蹊径呢？

我们通过挖墙脚的方式高薪聘请优秀的销售人才，我们通过各种办法提高销售人员的素质，我们甚至还聘请了一些营销管理方面的专家作为自己的顾问，但是，我们往往忘了给自己"补课"！

在一个营销组织中，我们是管理者，组织的每一个计划都需要自己的认同和审批才能得以执行。如果我们不能提高自己的鉴别能力和捕捉机会的能力，一个营销方案再好，都可能被我们当作废纸扔进垃圾篓。

再次，建立标准化的营销作业体系。

没有标准化的营销作业体系正是我们许多中小企业无法做出快速市场反应的一个重要原因。比如，终端生动化陈列没有标准，所以，产品应该陈列在哪几个位置，POP物料应该怎样使用，大家就乱来。有很多企业甚至连销售报表、拜访记录、生意分析等都做不到规范化执行。

反观那些强者，它们的客户资料卡、竞争信息汇总表等都是整整齐齐的，销售人员也能一板一眼地按照标准执行，并且还能做到及时更新。所以，一旦某个客户的库存低于安全库存数，马上就会得到补货；一旦对手推出了什么新产品和新活动，它们也能在第一时间得到消息，并迅速做出相应的反应。

如果我们也能在这些影响营销绩效的环节上，建立起自己的标准化营销作业体系，并将这套体系上升为员工理念，落实为员工技能及其日常动作，我们的市场反应速度及其质量就会得到很大程度的提高。

可能有人会说，一切都标准化了，不就发挥不出主观能动性了吗？不就丧失灵活性了吗？主观能动性和灵活性当然也是需要的，但是发挥主观能动性、灵活性也必须有度，也必须在一个标准之内。那些缺乏依据、没有计划、动作散乱、多凭个人即兴发挥的自以为是的灵活是我们必须反对的。

最后，改善供应链。

每家企业都很关注自己的回款、资金周转和库存周转，甚至对如何借助第三方物流，实现低成本快速流通，也给予了足够的关注。但是，我们中的很多人却可能遗忘了一个需要给予重视的环节——如何让自己的产品能够更快速地到达消费者的面前。

让产品更快速地到达消费者面前，可以有效降低断货、缺货给企业带来的销售损失，让企业获得更多的销售机会，这对那些有较高保鲜时间要求或者是消费者将保鲜时间当作重要选择依据的产品来说，尤其显得重要。以牛奶为例，为什么全国性的乳业巨头们在鲜奶上总是难以赢过地方品牌？其中一个重要原因就是：地方品牌总能在更短的时间内将牛奶送到消费者面前，从而确保鲜度。

现在，我们经常能在一些电视广告上，看到那些宣扬"当日生产、当日鲜送"的啤酒品牌。事实上，在差不多20年前，就有啤酒企业利用类似的策略，帮助自己由弱到强，最终成为市场中的领导品牌。

而这个企业就是日本的朝日啤酒。

在朝日啤酒推出"舒波乐"品牌，并率先公开"生啤 No.1 宣言"之后，朝日啤酒的员工们其实对鲜度并没有多高的认识，大家都认为"一点点地增加鲜度就行了"，但是其领导人却要求员工"一鼓作气干到底"。

从成品到送达顾客手里，最开始要15天。朝日啤酒通过一年的努力，将之缩短到了10天。再后来，就是8天、7天、4天……随着"舒波乐"到达顾客手里的时间一天天缩短，朝日啤酒也日渐稳固了自己在日本啤酒界的领导地位。

不过，话说回来，在企业为市场反应提速的努力中，需要改善的又何止是供应链，生产链、服务链等都是需要改善的环节。

通过对这些链条的改善，能够让企业实实在在地快起来，帮助企业提高市场竞争力。

■ 用良好的管理机制确保速度

我见过很多的企业，他们的领导者们总会叫嚷着"GO、GO、GO"，总会催赶着自己的员工加速行动。但是，员工们却并没有因为领导者的催促而快了多少。原因何在？

一个很重要的原因就是：这些领导者忘了给自己所要求的"快"，在组织及管理机制上提供保障和依靠。

说到这里，可能有不少朋友会持反对观点——渠道扁平化我们在做，权力我们也在下放，管理重心我们也在下移，我们甚至还成立了专门的监察和督导部门……所有在这些方面的努力，目的之一就是要让自己的营销组织更有效率，你能说我们没有提供组织和管理机制的保障吗？

其实，大家说的这些都没有错。但问题是，我们需要改善、需要努力的地方远远不止这些。比如，许多企业都制定了专门的退换货政策，可还是和渠道商们有扯不完的皮。为什么有一些企业就很少发生这种情况呢？那是因为这些企业在制定退换货政策的同时，还根据不同的退换货时间设定了不同的退换货标准——什么时候全额退，什么时候只能按一半来退——这些标准会让渠道商们更加注重库存管理及库存分析，依照先进先出的原则，更快地做出市场反应。只要它们行动更快了，我们自身的行动也就更迅速了。

下面，就让我们来具体谈谈，还有哪些方面需要努力。

首先，在销售政策中增加能让人快起来的元素。

我们在前面已经讲过一部分这方面的内容。这里，我要着重提醒大家的是：这些"快"的元素主要集中在四个方面：

一是着力于让渠道伙伴快起来；

二是着力于让自己的销售部门及销售人员快起来；

三是着力于让销售管理层快起来；

四是着力于让宣传、公关、售后服务等销售关联机构快起来。

企业要让他们快起来，就必须兼顾这四方的利益，就可能需要重新修订和完善企业的销售政策。在修订和完善的过程中，我们还要注意很重要的两点：

第一，要把更多的市场支持及奖惩等措施，放在影响营销绩效、反应快慢的关键环节上。比如，增加对铺货、理货、陈列规范等方面的考核，对那些检查出来的陈列不合格等问题，视出现时间的长短给予不同的惩罚，问题出现的时间越长，惩罚就越重。

第二，要把上述四方的利益在政策中更紧密地联系起来，让自己的嫡系部队和雇佣军都能成为有快速反应意识及技能的部队。也就是说，我们要围绕营销动作的执行成效及反应快慢的主线条，不仅是对经销商，还要对包括销售人员、管理层及后方的关联机构在内的环节，增加一些过程考核的权重。

其次，推倒那些阻碍信息传播的大山。

我们要做出更及时、更准确的反应，多数情况下，一个基本的前提条件就是：有相应的信息提供决策依据。

这里面主要牵涉到三个环节：一是信息采集，二是信息传输，三是信息分析。而障碍也主要集中在前两个环节。比如，由于销售人员营销素养存在缺陷，对那些已经呈现的问题不敏感，没有意识到或不能引起重视；销售人员对渠道商所提供的信息，缺乏核查的意识与方法；销售部门对于日常报表马虎了事甚至置之不理，这都可能会使我们的信息采集存在很大的缺陷。

杉杉西服在2000年前后的一次渠道变革，变革掉了自己市场占有率第一的位置，将它拱手让给了雅戈尔，其中一个非常重要的原因就是：主加盟商成了横亘在次加盟商和企业中间的大山。

比如，那些采取买断制的主加盟商为了自己的利益，往往会将堆在仓库里的老货品推给次加盟商，而少订或者是干脆不订新货品。

次加盟商摸不清厂家的真实意图，只能徒呼奈何；而厂家也无法了解到各个次加盟商及其所处市场的真实需求。这直接导致次加盟商的积极性降低，产品销量也急剧下滑。

所以，杉杉不得不再次对渠道进行变革。在这次变革中，杉杉的市场管理部直接跟单店加盟的终端客户进行沟通，售后服务也跟着终端走。这使得杉杉与加盟商的关系得到了根本的改善。

很明显，为了推倒那些阻拦我们及时获得更丰富、更真实的信息，并更迅速、更准确地做出反应的"大山"，我们有很多企业都急需发动变革。

在这场变革中，我们还可以借助以下几个方面的力量：

一是让自己的信息来源更多元；

二是要切实地利用起互联网及一些信息管理系统、数据处理系统；

三是让自己的销售管理与销售后勤服务机构离一线更近。

为了让自己的管理者能够实行走动管理，能更及时地发现问题并做出反应，麦当劳的老总曾经将办公室坐椅的靠背锯掉。我们不一定都要去锯掉办公室的坐椅靠背，但我们应该学习的，是这种让管理者及销售后勤服务机构离市场一线更近的精神。

最后，我还要提醒大家的是：要快，也要确保安全。如果把我们的企业比喻成一辆车的话，要保证车开得快，作为司机还必须了解车况、认清路况、注意天气的影响、遵守交通规则，该系安全带的系安全带，该减速的时候减速，该检修车辆的时候还得注意检修。

2　找到低成本炒作的秘诀

我们不时能听到隐形冠军的故事。这些企业闷声发大财，很少声张，哪怕是它们的办公室就安置在你的隔壁，你也可能不知道自己的邻居居然就是在整个中国乃至全世界某某领域的冠军。

但这样的企业毕竟是极少数，绝大多数的企业都希望有更多的人认知自己，从而获得更多的消费者及自我发展的机会。"酒香也怕巷子深"，有几家企业不想让自己的品牌像可口可乐、娃哈哈一般，成为人尽皆知的品牌？

问题是，我们是中小企业，我们是市场弱者。我们没钱，没办法做到像那些大企业一样，一出手就能在中央电视台砸个两三千万元，一砸就能砸出个"知名品牌"；我们没势，没办法像某些企业一样，一有个什么风吹草动，就会有一大堆的媒体朋友站出来大肆造势。

这是广大中小企业所共同面临的难题，但是没钱、没势并不意味着畏缩不前，并不意味着我们就只能原地踏步。有句歌词唱得好："没有枪，没有炮，敌人给我们造。"造势与借势正是弱者崛起的重要法则之一。说得更通俗一点，就是要掌握好炒作这门学问，让自己成为一次次市场炒作事件中的主角，哪怕是没钱、没势也能做到街闻巷知。

■ 为对手设圈套

或许正是因为没钱、没势,有不少企业根本连炒作的脑筋都懒得动,因为他们认为炒作离自己很远;另外一些想炒作的企业,也似乎总难摸到炒作的窍门,动半天脑筋,忙活半天,又砸出去一堆白花花的银子,却没得到什么收获。

大家都知道"有点甜"的农夫山泉是瓶装水市场的领导品牌之一。但是十年前,它就像我们当中的大多数企业的大多数品牌一样,不过是蜗居在浙江的一个地方品牌而已。是什么让一个弱势品牌成功蜕变为一个全国性的强势品牌呢?说到原因,可能有很多,但是"炒作"功不可没!

生产农夫山泉的养生堂,就是一家被许多人公认为很会炒作的企业。记得养生堂的老板在接受中央电视台一次采访的时候,曾经说道:我当初,就想让行业的老大娃哈哈能够"骂"我们、"打压"我们。因为当初的农夫山泉还是一个完完全全的弱势品牌,它要想超常规地成长,就要和这个行业的强势品牌甚至是第一的品牌"打仗"。一旦娃哈哈和我们打嘴仗了,我们就会因为对手的强大,因为声势与规模的庞大,而让消费者觉得我农夫山泉不错,已经可以和娃哈哈同台对话、一较长短了。

事实上,他所说的就是 2000 年农夫山泉所策划的一起有关"纯净水是否有益健康""天然水比纯净水更健康"的口水战。当时的农夫山泉还属于市场弱者,为了谋求更大的发展,它开始从纯净水向天然水转型,而包括娃哈哈在内的绝大多数企业都还是以生产纯净水为主。为了吸引消费者的眼球,增加自己的知名度,农夫山泉便设了这么一个局。

这一场口水战,因为娃哈哈的顺利入套,声势变得更加浩大。而新闻媒体更是大肆渲染，拿出大量的版面和时间关注这场战事，这也正中了农夫山泉的下怀。由此一战，农夫山泉一举成为了全国性的强势品牌。

可是，怎样才能让对手钻进你设下的圈套呢？下面这些建议或许能带给你一些启示。

其一，选择一个或一种类型的强敌，找到强敌在产品、服务等方面的缺陷，站在他们的对立面，说自己的产品与服务才是行业发展趋势、才是消费者更完美的选择。养生堂推出天然水，说它比纯净水更健康；五谷道场推出非油炸方便面，说它比油炸面更健康，就是这个道理。

其二，永远举着为消费者好、维护消费者权利及利益的旗帜，最好还是媒体感兴趣的话题。任何"不利于"消费者的东西就是对手最大的"要害"或"软肋"，我们给它来个釜底抽薪，逼迫它主动跳进圈套。

其三，整合一定的资源及力量，将我们所要炒作的东西传播出去，让对手真切感受到我们所发起的舆论威胁，不得不挽起袖子参战。

其四，提前预见对手的反应，做好应对对手反击的准备，主动把对手引向自己已经埋伏好的战场。

除此之外，我们要达到更理想的炒作效果，一方面要借助媒体，扩大声势，不仅仅是两个人在"吵架"，还要想办法把那些看热闹的也拉下水，参战也好、劝架也罢……人越多就越热闹，而外界的关注度也就越高；另一方面，还要根据炒作事态的发展，准备与实施一套组合拳，让争论的时间达到一个更合理的长度。这样，我们就更容易达到炒作目的。

■ 由旁观者变成参与者

天华生物公司是中国最早的一批民营企业之一，曾经要风得风要雨得雨，是各路媒体的宠儿。但由于企业在多元化扩张及内部管理上出现了比较重大的问题，一度变得非常沉寂，一些不了解内情的人甚至认为天华公司已经垮了。

不过黑暗的日子很快就过去了，不久之后，天华公司就有一款新保健品准备上市了。"我不炒作好多年，这次咱也炒作炒作。"在产品上市的准备会议上，企业老总的一句话惹得大家笑声满堂。

可是，炒作是要钱的，怎么炒作呢？这时，企划部递上了刚刚设计好的招聘广告给老总过目。老总看看设计稿，先说了声"很好"，接着又皱了一下眉头，立刻抓起笔改了招聘广告上的一个数字。

他改的是什么数字呢？原来老总是将招聘人数由"50人"改成了"2000人"——一下子招聘这么多人，在任何一个城市都是不多见的，这又会是一个什么样的企业呢？由此一来，老百姓关注了，媒体也凑上来了。天华公司没花多少钱，便先借招聘广告好好炒作了一番，打响了企业的知名度。

这个案例能给我们带来什么样的启示呢？很多中小企业常常都会以没钱为理由拒绝炒作，宁愿做一个旁观者或者跟随者，能够从别人的炒作中分得一杯羹便满足了。虽然作为旁观者也能从中获利，但远不如参与者获得的利益多。其实每个企业身边都存在着为数不少的炒作题材，只要怀着一颗对炒作敏感的心，就能更敏锐地洞察到那些可供自己做文章的机会——无论是自己营造机会炒作，还是抓住机会炒作——这就像天华公司一样，即使是一个招聘广告也可以拿来炒作。

■ 炒作的秘诀

1. 让自己在某一方面成为"天下第几"

世界第一高峰是哪一个峰？珠穆朗玛峰。那世界第二高峰、第三高峰呢？几乎没有人知道！对了，"第一"的概念最容易让人们产生震撼，让人们记住。如果我们能拥有一项"第一"，自然就能多出一条炒作自己的途径。

也许有人会说，我们是市场中的弱者，哪那么容易找出个"第一"？不尽然，事实上还有很多的"第一"在等着我们。比如，第一个公布成本白皮书的企业；第一个用清一色1.7米以上美女做促销的企业；第一个在一起自然灾害中提供赞助，进行人道支援的企业；第一个在五一、十一及春节长假期间，取消全部售后服务人员假期的企业……

即使真的找不到"第一"，那也可以找个"第二"、"第三"。人们不是不知道世界第二高峰是哪个峰吗？那我们就宣传自己是这个"第二"。蒙牛喊出"创内蒙古乳业第二品牌"的口号就是钻了这个空子，它让自己一"出世"，便把众多的对手甩在了屁股后面，插队成为了伊利之后的第二品牌。

2. 做一个"好人"

在2006年的时候，百事可乐公司面临着一场有些"意外"的交易：可口可乐前女秘书何亚·威廉斯，欲以150万美元向百事可乐出售一种新产品配方和样品，但是百事可乐并没有收下这份来自老对手的"礼物"，相反它向可口可乐揭发了这次交易，把何亚·威廉斯一伙送进了监狱。这个举动，让"遵循公平合法竞争原则"的百事可乐一时间成为了媒体、投资者、消费者称颂的对象。

3. 做一个"卫道士",揭露行业黑幕

当同行业的企业爆发出丑闻,而被人们高度关注时,你可以在第一时间发表声明,清晰地传达出自己与它不会同流合污的信息,甚至是主动站出来揭露相关黑幕。不过,需要提醒你的是,当你打算以行业"卫道士"的面目开展炒作的时候,有必要想想以下几个方面:

其一,自己不能具有同样的问题;

其二,不能因为自己的行为,引起同行们同仇敌忾般的围剿;

其三,避免对自己有杀伤力的把柄被对手抓住;

其四,有反打击、反围剿的预案。

综合以上,我们要揭的行业黑幕最好就是:消费者关心的,媒体关注的。这样对手们就不至于联合起来对自己进行围剿和镇压。

4. 有怪事发生

比如,以健康为卖点的涂料可以当成粥来喝,几十万、上百万的问题产品可以用锤子砸毁、用火烧毁……这些在普通人眼里都是怪事。这些怪事,不是在宣扬产品的独特卖点,就是在传达自己对消费者高度负责的精神,因其"怪"而让作怪者扬名于世。

5. 杀鸡用牛刀,浅水容大鱼

一个企业的老总向一位普通客户登门道歉,一个保健食品的导购人员是医学硕士,企业里来了一位辞官下海的市长等,说的都是一个道理——打破人们的固定思维,从中寻找炒作的机会。

6. 引发同情

比如,将企业或个人在过去一段时间做得比较失败的事情,

整理成案例公布出去，向外界征求解决问题的办法和建议，利用人们的热心、好心，在议论中吸引更多的人关注自己。

7. 借力打力

即通过向社会上的一些焦点事件、一些具备公众影响力的知名人士借势等途径，来达到炒作自己的目的。

比如，张艺谋是中国文艺界的一位风云人物，一家名不见经传的小食品企业为了炒作自己，就对外界说自己要请张艺谋来拍某新产品的广告——事实上，它根本就没有能力请张艺谋拍广告，甚至是连做广告的打算都没有。但是，这个消息让媒体感兴趣，消息一传开，消费者都知道这家企业即将有新产品上市，经销商也认可企业的实力——目的达到了。

那炒作事件中的另外一方——张艺谋呢？如果他选择站出来向媒体澄清，这又会使得这家企业及产品的消息出现在媒体上，正中企业下怀。

1999年，著名演员刘晓庆遇到诉讼官司，而她在北京的几处房产也将被拍卖。一时之间，全国媒体及公众哗然，大家都等着看谁能拍到这些房子。显然，在这起名人的焦点事件中，隐藏着极大的商业机会。美心防盗门抓住了这个千载难逢的好机会，它仅仅以140多万元的低价就竞拍到了刘晓庆的房子。

虽然美心当时在重庆可谓是家喻户晓，可放眼全国，在上千家生产防盗门企业的汪洋大海中，它也只是沧海一粟。然而拍卖会后的第二天，美心便成为了全国大小媒体、各种花边新闻中的"宠儿"，美心防盗门也迅速被国人知晓。

在成功拍下刘晓庆的房产之前，美心一年的销售也不过一两亿元。而自那之后，美心的销售量就直线上升，迅速超过10亿元，成为了中国防盗门市场的领导品牌。

8. 故弄玄虚、吊人胃口

这需要我们利用人们的好奇心理，提炼出一些神秘的东西，说一半留一半。比如，某家牛奶企业通过媒体告诉民众：自己的"数百头奶牛走失，警民齐心协力寻找未果"。以此来制造悬念，吸引大家进一步关注有关奶牛事件的追踪报道和深度报道。

9. 黑白都有人来炒

当然，最好是自己的人扮了黑脸又扮白脸，正反两面一起炒，一唱一和，使媒体的曝光率、事件的影响力最大化。

■ 炒作是为了"加分"

热热闹闹的炒作确实很吸引媒体的兴趣和公众的眼球。但是，我们的炒作还是要搔到消费者的痒处，还是要与自己的品牌形象及目标消费者形成正面的对接，而不要把它炒"偏"了；与此同时，炒作也必须抓住企业在不同营销阶段的重点。

2007年的7月，神舟笔记本电脑搞了一个促销活动，它在自己的促销广告中声称："有了神舟笔记本电脑，你还需要联想吗？赶快行动，不要联想；不要再联想了，赶快行动吧。"

有些人可能认为神舟很高明，因为它在这次促销活动中将联想电脑的"联想"二字做了动词化应用，既捧了自己又损了对手，还引起了媒体的注意与炒作。

但就我看来：神舟并没有找到重点。为什么这样说呢？以尽量平齐或超越对手的姿态，为对手挖个坑，希望强大的对手因此掉进坑里与自己大打口水仗，从而达到快速提高产品、品牌知名度以增加销售机会的做法，对刚起步不久的蒙牛、农夫山泉是合适的，但对知名度较高、市场占有率已经靠前的产品及品牌来说，作用却是有限的。

因为做到这个阶段的产品或品牌，它们现在缺的并不是什么知名度，而是如何提高自己的可信赖度和美誉度。而要做到这些，最有效的往往不是炒作，而是企业的技术和服务。

事实上，通过研究众多有类似遭遇的领导者品牌，我们会发现多数的领先者们都不会顺挑战者的意，上它们的当。而联想在事后的表现，恰是如此。而反过来，神舟大呼"不要联想"之类的做法稍有不当，就很可能为领导者品牌——联想电脑做了嫁衣。因为有些消费者可能会想，既然你这么牛，那为什么还是拿自己与某某品牌比呢？是不是某某品牌比你要更牛一些？

除了以上所述之外，我们还应该记住：如果一个企业只有炒作，而在产品、服务等方面没有实实在在的东西，最后它还是没有生命力！所以，我们一定要注意以下几点：

其一，炒作是造势、借势之道，我们的目的要明确、标靶要清楚；

其二，炒作事件一定要在自己的控制范围内；

其三，不论何种目的，炒作都要宣传自己在产品、服务方面富有竞争力的东西，给自己的品牌"加分"，而不是"偷鸡不成蚀把米"，给自己做了减法。

3 事件营销的本质

事件营销正是我们实现低成本炒作、低成本市场运作的重要途径。但是,这样的途径并没有得到广大中小企业的有效运用。没有认识到事件营销的本质,应用不得法是其中的主要原因。

下面,我们就围绕奥克斯来一探事件营销的本质与应用之道。

奥克斯集团1994年进入空调行业,在随后的几年中,奥克斯空调一直处于二三线阵营,不温不火。直到7年后,也就是2001年,奥克斯空调才开始崭露头角。2002年度,奥克斯的销量跃居中国空调业4强;2003年度,销量突破250万台,进入全国三甲。

到底是什么,帮助奥克斯在短短的三四年中就迅速成长为中国空调行业的领先品牌之一呢?走近之后我们会发现,奥克斯在2000年后一连串让人眼花缭乱的事件行销,起了非常重要的作用。

■ 奥克斯的事件营销经验

一谈到事件营销,有人就习惯性地将这类营销行为分为借势和造势两种。但是,如果因此就将借势与造势割裂成两种互不相干的事件,那就是错误的。

其一，借势事件与造势事件往往是你中有我、我中有你，互相缠绕在一起的。也就是说，借势事件中会出现造势行为，造势事件中也可能出现借势行为。

其二，事件营销不应该仅仅被当作偶尔拿来应急、解决问题的战术行为，而应该上升为系统性的战略手段。因为，一旦企业前后进行的多个事件营销，彼此之间缺乏关联，就可能影响单个事件营销的效果延续和积累，甚至还可能因此模糊了自己的企业形象及品牌形象，反受其害。

奥克斯的事件营销不仅说明了上述问题，还道出了其他一些具有参考价值的东西。

第一，通过造势来使借势事件大壮声威，扩大影响范围；通过借势来使造势事件得到最大程度的关注，控制投入，增加产出。

在奥克斯借势类的事件营销中，有向热点时事借势的"广东9·11计划"；有向体育借势的2003年赞助中巴足球对抗赛；有向名人借势的请"米卢代言"、策动"吴士宏风波"和以150万美元请罗纳尔多出任奥克斯品牌形象代言人等事件。

以其中的中巴对抗赛为例，奥克斯将10万张球票（含2万张巴西队训练票）变成了消费者到全国任意售点购买奥克斯空调都能获得100元优惠的"购票"，将这场赞助的赛事变成了自己与经销商的盛大联谊会，于借势事件中在空调市场造足了势。

同样，在奥克斯的"三书"——"空调成本白皮书""空调技术白皮书""空调健康红皮书"，"一分钱空调""年检服务""礼聘10万品质监督员"等造势类的事件营销中，奥克斯向空调行业的现状及问题，向对手在价格、技术、服务等方面的"软肋"，向消费者希望物美价廉、获得高品质服务以及知情权等需求方面借足了势。

正是将造势与借势"双剑合璧"，以及较好地调动了通路成员、消费者和媒体等内外营销资源，奥克斯的上述事件营销才取得了一定的成效。

第二，尽量让事件营销的目的直指销售。

抛开奥克斯"空调成本白皮书""一分钱空调"和曾经闹得沸沸扬扬的"一元利空调"等直接促进销售的价格类营销事件不说，奥克斯的其他营销事件也无不是直指销售。

咱们回头再看中巴对抗赛的案例。奥克斯就充分利用了门票的凭证价值，以"100元优惠"将赞助焦点体育赛事和提升销量紧紧结合在了一起，而不走强调公关宣传、塑造品牌形象的老路。

第三，为达成同一品牌形象服务。

不论是奥克斯"以道德捍卫者的面孔"对空调行业黑幕进行口诛笔伐，去揭开对手们一心想捂住不愿示人的"私处"，还是以低价等惯常手段搅乱市场，图谋市场份额，奥克斯这些"揭完价格揭服务，揭完服务揭技术"的事件营销行为，为自己树立起了一个日渐清晰的价廉物美和富有责任感的品牌形象。

第四，让各个事件营销相关联。

从"空调成本白皮书"、"空调技术白皮书"、"空调健康红皮书"，到2004年年初一次大规模的产品降价，奥克斯道出了"部分主力空调仍有暴利空间"。通过这些一连串的事件营销，我们可以看出奥克斯一直在强化自己的"揭幕者"形象。

第五，乘胜追击，巩固与放大战果。

在奥克斯攀上空调业三甲的2003年，奥克斯从3月到5月的短短三个月时间内，相继开展了提供年检服务（2003年3月）、发布"空调技术白皮书"（2003年4月）、在全国范围内重礼聘请10万名品质监督员（2003年5月）的三次事件营销活动。

这些"连环套"不仅有效稀释了消费者对奥克斯产品的服务能否持续的疑虑，同时也让对手们疲于应付、处处被动，从而巩固和放大了自己的事件营销战果。

■ 事件营销都揭露了什么

纵观奥克斯的事件营销，我们不难发现，国内的事件营销是个比较泛的概念。确切地说，它是一种集传播、公关、促销等行销手段为一体的营销行为。

它所追求的效果就是"四两拨千斤"般迅速推拉市场（通常以拉力为主），在人们的普遍关注中，克服营销阻力、打破竞争格局、颠覆市场秩序，为自己赢得更多抢夺市场份额和主导竞争的机会。它所瞄准的都是行业热点、对手弱点、竞争手段外化表现的空白点、消费者兴趣点、时事热点和媒体新闻点。正是这六个点，确保了奥克斯事件营销取得最好的效果。

与此相对应，以奥克斯的事件营销成就来看，这也从一定程度上揭示了：如果要开展事件营销，如果要使自己的事件营销具备威力，就要直击对手所不愿意公开的"私处"；就要撕开对手为整个行业蒙上的面纱，先于（或差异化于）对手成为揭行业疮疤的"叛徒"；就要掌握现代通路中"打倒供货商，分'田地'给消费者"的新规则；就要主动让利给消费者和渠道，笼络人心；就要借助所有可以利用的东西，抖猛料给媒体，给它们的受众、我们的消费者带去"福音"。

实际上，善打事件营销战的奥克斯，在它所开展过的许多事件营销中，本身也是存在一些问题的，甚至是需要烧高香求菩萨保佑的。如果从这些方面来说，我并不看好这家善于"肇事"的企业。或许，只是它的对手们在追着奥克斯跑的过程中，还没有注意到或一时还来不及利用奥克斯的那些弱点。

■ 事件营销背后的问题

下面，我们就来分析一下奥克斯事件营销中出现的一些问题，供可能采取类似事件营销的企业借鉴。

- 一元利空调。

这个词本身就给对手和消费者留下了攻击自己的机会，因为到底是不是真的"一元利"？还是属于低于成本倾销，或者是消费误导和欺骗的一种手段？一旦被人较真，奥克斯就将面临一场来自法律和信誉的危机。

- 提供年检服务。

同样也为对手攻击自己留下了机会，可惜的是空调行业普遍在服务营销上重视不足（尽管嘴上叫得欢），没有对手能够针对奥克斯只做临时的表面功夫、耍巧卖乖的弱点进行攻击。

- 礼聘10万名品质监督员。

如此大规模的活动，本应该有很多的后续活动继续上演，但从那以后的很长一段时间内，奥克斯一声不吭，人们也没能从市场上听到10万名品质监督员的声音。这说明了奥克斯的本次活动效果是大打折扣的。

同时，像这样的活动如果人员审查不力、管理不好，也有可能被对手所利用。因为这10万名品质监督员相对于其他消费者来说，他们对奥克斯空调接触得更多，能了解到许多好与不好的"内幕"与"真相"。假如有奥克斯的对手从中策反，以"奥克斯品质监督员自爆奥克斯黑幕"为题，抖出奥克斯产品或服务的软肋，奥克斯将会很受伤。

这些都说明什么呢？说明一直被视为竞争惨烈、营销创新不断的空调市场，由于市场环境限制，还是有不小的营销空间方便置身其中的中小企业有一番作为的。

在这里，我也要告诫奥克斯及其他开展事件营销的企业：

第一，不要留给对手攻击自己的机会，或者是事先分析、找出自己在事件营销中的破绽和软弱之处，准备好应对之策。当然，如果换成是对手在搞事件营销的话，你就要抓住它在事件营销中所暴露出来的"命门"，迅速行动，直捣黄龙。

第二，开展那些带有负面影响的事件营销，当事企业要有及时反应、有效应对的危机处理机制，险中求"富贵"。而非玩火自焚，使自身信誉与形象受损，自毁江山。

第三，要牵着对手的鼻子跑，让对手疲于应对。如果你从一开始就处于被动的地位，就要根据营销规律和对手的市场地位、行事习惯等，具备预见对手行为的能力，通过自己的事件营销或其他营销手段变被动为主动，打场翻身仗。

第四，不要"浪费"自己通过事件营销所集敛的营销资源，而应充分地继续使用它们，利用组合拳、连环招的方式乘胜追击，让它们产生更大、更持久的影响力。

第五，将各级通路成员和自己的公关、服务、技术等力量进行更好的调度和整合，杜绝因为通路成员不配合、公关不到位、服务纠纷、技术落后等问题，拖了事件营销的后腿。

4 网络营销的有效运用之法

在中国有近两亿的网民。对他们来说，网络已经渗透进了工作、生活、学习、娱乐和社交等方方面面，并且正在越来越多的人当中形成"可以不看电视、不看报纸，但不能不上网"的可怕依赖度。换句话说，在比尔·盖茨通过他的软件统治这个世界之后，网络开始成为这个世界新的主宰。

就像历史上农业社会向工业社会的转变，一个新时代的开始总会要经历一个混沌期，网络时代也是一样。但随着谷歌、雅虎、新浪、搜狐、百度和腾讯等一大批新经济产物渡过寒冬迎来成熟，随着越来越多的企业对网络营销的实践，网络时代的混沌期即将结束。对那些还徘徊在网络营销之外的企业来说，现在正是到了加入进来，分享网络营销盛宴的时候了。否则，企业难免会因为对新经济、新生活方式的漠视和反应迟钝而受到惩罚。

可是，广大中小企业如何开展网络营销，怎样才能分享到这场网络盛宴呢？

■ 网络媒体的活跃

在前不久，普华永道发布了一份名为《全球娱乐及媒体行业展望：2006 - 2010年》的报告。该报告认为全球互联网的广告收入将以年均综合增长率 18.1% 的速度增长，到 2010 年的时候，互联网广告在全球广告收入中所占的比例，将由 4 年前的不足 3% 增至 10%。

而据另一组来自艾瑞市场咨询（iResearch）的数据显示，主要由网站广告、搜索引擎及电子邮件三种业务组成的网络广告，2005 年在中国的进账达到了 31 亿元（已经超越杂志成为继电视、报纸、广播电台之外的第四大媒体），相较 2004 年增长了 77%，而 2004 年相比 2003 年的增长数字是 75.9%。与此相对应的是，同期中国广告经营总额的增长仅维持在 12%～15%。

显而易见的是，不论是中国还是整个世界，网络广告的增长是明显高于整个广告市场的增长的。而且，网络广告的高增长态势还将继续维持下去。随着宽带、视频、WEB2.0、PtoP 等新技术的运用，网络媒体更会加快对电视、报纸等传统媒体市场份额的挤压。

但就在这挡不住的趋势中，却呈现出了两个值得我们注意的问题。

一方面，就像大企业、强势品牌垄断中央电视台等高端媒体的广告一样，强势网络媒体正在因为广大中小企业的漠视，而出现了强者垄断高端的趋势。

登陆搜狐、新浪等网站，除了医疗、教育及一些搞连锁加盟的中小企业广告较多之外（相对中国 4000 万的中小企业，投入网络广告的仍是少得可怜），网络这相对低成本的媒体已然成为了联想、大众、可口可乐、宝洁、海尔等大企业及强势品牌耀武扬威的阵地。

这说明广大中小企业对网络媒体的价值存在普遍性的认识不足，而这也会让它们面临两个不利的局面：其一，随着广告价格的走高，可能会错过低成本运用强势网络媒体的时机；其二，被强敌驱赶到一些中小网络媒体，从而导致出头和胜出的空间变小。

所以，对广大中小企业而言，现在已经是到了重视网络广告，重新安排媒介组合的关键时刻了。

另一方面，网络宣传手段相对单一，没有形成拳头效应。

大多数企业的网络宣传手段都是相对单一的。比如，将自己的企业宣传手册、产品说明书搬到网站上建主页；赞助某个分类频道或栏目；做强迫观看的插播或弹出式广告；投放静、动态及交互式的网幅广告；通过文本链接及电子邮件开展宣传等。

这样的广告形式还真是不少，但是问题也很多。其一，网络广告仍主要集中在硬广告的层面；其二，忽略了网络所带来的互动性及参与性，仍向对待传统媒体一样，自说自话地进行强迫式灌输；其三，某些广告形式呈现出了比较大的缺陷，比如建了网站没人看、弹出式广告被屏蔽、电子邮件被定义为垃圾邮件直接删除……

那么，究竟怎样才能做出有效的网络广告呢？有以下几点需要我们注意。

第一，在目标受众感兴趣的信息页面安排自己的广告及广告组合。

那些认为只有网站首页的广告才最有效的观点是错误的。比如，对财经新闻感兴趣的读者会直接进入财经频道，对体育新闻感兴趣的读者会直接进入体育频道，在网站首页及其他频道停留的时间会相对较少；而随着博客及个人网站友情链接的运用，我们甚至会不经过网站首页而直接进入自己感兴趣的页面。随着网络视频、流媒体技术的运用以及网络游戏的盛行，也给我们带来了越来越多的网络广告组合模式。

当然，要做到有的放矢，首先就得把自己的目标受众找出来，并清楚他们网络生活的兴趣点及网络生活习惯，而后，就像组合电视、报纸、杂志等不同特点的传统媒体一样，组合运用不同形式的网络广告。

举个例子，如果我们要针对职场男性推出一款保健品，我们应该如何安排网络广告呢？分析我们的目标消费者，他们关心财经，那么财经版面上的文本链接广告、弹出式广告及网幅广告就会成为我们考虑的对象；他们经常使用 MSN 等即时通讯工具，那么 MSN 就可以成为我们的宣传载体；他们中有超过 70% 的人每天都要使用电子邮件，那我们就在进入电子邮件的链接页面以及进入后的邮箱页面投放广告。

第二，运用免费的广告。

相对传统媒体，网络媒体广告还具有这么两个特点：一是普遍具有 DIY 广告的特点；二是类似博客、BBS 社区以及百度搜索引擎等形式的网络媒体，为我们提供了不少免费宣传的机会。这两个特点结合在一起，就是在提示我们：在自己的博客上，在目标受众经常光顾和参与的社区，在与企业的名称、品牌、产品等关键词相对应的搜索引擎贴吧，我们可以通过发表文章和图片的方式来免费宣传自己。

当然，单刀直入或广告味稍浓的广告贴难以逃脱被删除的命运。不过，我们为什么要这么直接地做广告呢？为什么就不能将自己的广告进行包装，而达到"润物细无声"的效果呢？比如，可以将企业、产品及品牌等信息融入自己的情感叙事等文章中；可以以消费者的身份谈谈自己使用产品时的感受和使用后的效果；可以在商业评论、营销管理等财经文章中肯定企业的产品及服务；还可以策划有正、有反的"掐架"，引起网友的争论和关注，等等。

只要真正去尝试运用这些免费的广告，我们就会发现这个宣传舞台真的是非常广阔。而做到这些实际上也非常简单，仅仅需要我们将现有的市场（企划）部、公关宣传部甚至是行政、人力资源部的职员组织起来，上网发帖、顶贴就行了。当然，要想自己的帖子有更大的浏览量,有更多的人气,我们在标题、内容以及发帖率、跟帖率上还要有相应的讲究。

我们甚至可以这样认为,正是网络的出现,为之前还显得有些虚幻的全员营销提供了一个落地的舞台。

第三,别把自己的网站当摆设。

虽然现在已经有越来越多的企业建立了自己的网站,但是这些网站不过是案桌上那些企业宣传册、产品说明书的电子版而已。要让网站具备更好的宣传效果,企业首先要重视网站,要舍得花一定的心力去经营它、宣传它。然后通过寻求交换友情链接、参与搜索引擎的竞价排名等方式,运用自己所有可能与关联利益人及消费者见面的载体宣传网站,比如促销活动的网上参与方式、产品包装、信封、邀请函,以及各种传统媒体的广告等。只有这样,才能提高网站的知名度,才会有更多的人知道并浏览网站。

■ 公关促销的新媒介

我曾经就某些企业在产品运作上的不足写过一些分析性文章,并将这些文章放到了网站上。之后我便开始接到不止一个企业的电话,与我商量看能否撤除文章,并抛出诸如顾问费、建议费之类的好处加以利诱。而与此相对应的是,我发表一些成功的实战案例文章,则会引来不少的经销商朋友来电咨询,看能否指导他们的具体实施。

这些带给我们什么启示呢?那就是网络已经为我们勾勒出了新生活的雏形,由于其对传统政治、经济及社会生活的改变和更加深入的渗透,呈现在我们面前的将是一个公关、促销的新世界。

在这个世界中,一些人买房子、买车、买笔记本电脑或者是家电、化妆品等，都会去网络上搜索其他人对自己所看中的品牌及产品的评价，如果网络口碑（我们可以称之为网碑）较差，他就会转身投入其他网碑较好的品牌的怀抱；还有些消费者，当他们遇到了产品和服务方面的问题而又得不到合理的解决的时候，则会通过在一些有影响力的BBS论坛发帖、顶贴的方式，聚众声讨和维权。

而后者的遭遇还很可能被竞争对手所利用，成为攻击当事企业的利器。更加可怕的是，一些互为对手的竞争企业还会利用网络攻击的隐蔽性，通过故意放大传播甚至是无中生有地编造不利于对手的信息，以破坏对手的声誉及口碑，并从中获益。事实上，那些只注重传统媒体关系构建、无视网络的企业，已经有不少都受到了"血腥"的惩罚。比如，爆出"回奶"丑闻的光明乳业，它在丑闻事件曝光后，迅速通过自己的强大公关势力，很好地抑制了电视、报纸等传统媒体的参与。但令其措手不及的是，各大门户网站、专业财经网站、BBS社区等网络媒体出现的一条条负面声讨、留言及评论却像病毒一样蔓延，迅速将这个消息传遍了大江南北。

无论是从网络中获益还是受损的事例都在提醒我们，或许你还对如何运用网络开展营销一知半解，但是只要你把握住现在的机会主动去掌握它，远胜过你最终去被动地接受它。为此，我在这里给大家提这么几条建议。

第一，掌握引导网络舆论的主动权。

这可能需要企业为自己的网络部门、公关宣传部门、市场策划部门、销售部门赋予新的职责——不要等到消费者、对手来攻击你，你才去辩解，而应该将网络当作自己的促销员和导购，主动传达自己的正面信息。

第二，定期搜索有关自己的信息，看看是否存在于己不利的舆论，对那些负面的舆论要第一时间察觉（事实上，网络技术的发展已经为我们提供了类似的工具）、第一时间处理。

也就是说能商量删除就删除，能用正面消息压制就压制，能通过自己的诚信行为消解就消解，对制造信息源的网络、个人及企业能起诉就起诉——总之，不要因为"小舢板搅不出什么大风浪"的麻痹意识，而让自己翻了船。

第三，在建立传统媒体的关系网络的同时，也要与一些门户网站、专业财经网站、大型BBS社区及博客网站等网络媒体建立起关系。

尤其是对中小企业来说，在传统媒体公关运作越来越难（由于大企业、强势品牌的垄断）的背景下，我们不应该垂头丧气地待在一角看那些大企业和强势品牌精彩演出，而应该多做网络媒体方面的突破——相对低成本的网络新闻公关，包括免费的专栏、博客、BBS等，都是突破口！

换个角度讲，中小企业们在传统媒体上受阻，就更应该知道背后有1亿多网民的网络媒体的可贵。

通过以上所述，我们可以清晰地看到网络正在呈现出的巨大公关价值。除此之外，网络媒体更为直接而功利的促销功用也日渐显现。比如，箭牌为给自己的新装黄箭口香糖上市造势，曾在网上开展为期10周主题为"黄箭水果乐园"的网络游戏竞赛，在和消费者的玩乐与互动中，有效促进了产品销售；在碳酸饮料领域，"两乐"以及娃哈哈都已经通过联姻网络游戏等方式，将网络促销做在了多数企业的前面。

娃哈哈近几年来推出过许多新产品，但称得上成功的却不多，而"营养快线"就是少有的成功新品之一。而在这个产品的成功中,网络的功用不可忽视。

娃哈哈在"营养快线"投放市场时,即采取了与腾讯"联姻"的方式开展联合促销。从2005的10月开始,在双方合作长达一年多的时间里,一共有两亿枚印有腾讯游戏产品图标的标签被放在促销装产品包装的背后,腾讯也将因此提供1.5亿个小时的免费游戏时间。

在这个活动中,游戏玩家只要输入标签上的密码,就可在游戏中获得名为"营养快线"的同名补血道具。娃哈哈通过将产品与网络游戏有效结合,极大地促进了产品的销售。

为什么这些大企业会通过网络及网络游戏展开促销呢?我们知道无论是"老一代"的可口可乐还是"新一代"的百事可乐,抑或是娃哈哈的非常可乐、营养快线,都是以青少年为主体消费对象。这正与网民及网络游戏玩家高度重叠——我国网民总人数达到1.62亿,其中学生网民所占比例已经超过了30%;对网络游戏的玩家来说,每年更有将近一个月的时间耗费在游戏上。

如果企业也想选择网络游戏开展促销,除了要了解这款网络游戏的风靡度之外,还要注重网络游戏的连接及运行速度、画质和音效。因为,这些正是玩家选择某款网络游戏的关键因素。

这些都在向我们昭示些什么呢?以前,我们在沃尔玛等大卖场或一些社区举办互动活动的时候,直接面对的可能就只有几百人,甚至是几十人;我们搞个有奖调查活动的时候,参与者也可能寥寥无几。而能够迅速网聚到人气的网络的出现,较好地解决了传统营销手段的参与和互动性不足、人员受限较大等难题。

因为,参与性强、互动性强正是网络的重要特征。以前我们搞个征文活动、弄次评选,需要参与者买信封贴邮票,现在按几下鼠标就轻松搞定;以前我们策划一次联合促销,更多的是联合品牌之间的互动,现在我们在一款游戏中为自己扮演的角色补血、补体力，就能从装备箱中捞出一瓶"营养快线"——也许某一天，在某一款游戏中，角色的吃、穿、住都会变成促销产品的品牌……甚至可以这样说，我们"促销创新难，难于上青天"的老大难问题，将会由于网络而得到不小的改观。因为，新的平台将会带来新的实现梦想及解决问题的方案。

当然，如果你准备开展网络促销活动，还应该记住以下几点：

第一，要在目标人群对口的网站或栏目开展；

第二，可以将地面的促销活动搬到网上开展，而针对目标网民的兴趣点定制互动性的活动则可能吸引到更多的消费者参与进来；

第三，由于娱乐在这个时代的重要性，有必要为网络促销活动赋予更多的娱乐精神。

■ 实现深度分销的途径

如果你准备买书，可以不用再去新华书店或者书城，从网上就能订购到所需要的书籍；如果你准备出差，可以不用打电话给旅行社或朋友，从网上就能预定酒店的房间；你还可以通过网络卖出二手电脑、家居用品等，甚至有公司专门做网上贸易，借助网站拿订单，给一些国外的厂商代工生产，一年也能做到几百万的规模……

这些事例都在说明什么呢？那就是在传统渠道与现代渠道之外，还存在互联网网络渠道。这个渠道已经存在了多年，它只是受到了多数企业的漠视甚至是无视而已。

举个例子，前几天一家企业的市场部经理对我讲，他有次在会上对公司领导说考虑下网络营销，得到的回复却是"胡搞，要踏踏实实做事"。和这家公司的领导一样，其实，我们中的许多人都还没有把网络营销纳入市场营销的一部分来考虑。即使他们在名片上印了 E-mail、设了主页、开了网站，给自己贴上了网络时代的标签，也往往都是赶时髦多于实用。

而另一边，已经有不少的企业通过网络营销尝到了甜头。比如某房地产公司，它跟百度和搜房网合作开展的网络营销，占到了其外销型商用物业总销量的一半。这同时也让该公司的广告费下降到了销售额的 0.6%，而与此相对应的另一组数据是：房地产业的广告费一般都占销售额的 1.5%～3%。再比如，可口可乐在与《魔兽世界》合作之前的 2003 年，冠名赞助了在南京近百家网吧举办的"奇迹网吧争霸赛"，并借网络营销之势攻占了网吧渠道。

有数据显示，中国现在经常使用网络购物的人数已经占到了网民总人数的 25%，超过了 4000 万人，而据艾瑞市场咨询最新推出的《2007 年 Q1 中国网络购物市场季度研究报告》数据显示，2007 年第一季度的网络购物交易额更是达到了 108.3 亿元。这样的数据，已经从一定程度上昭示出了网络渠道不可逆转的蓬勃发展之势。

这种势头催生出了层出不穷的购物网站，引得网易、搜狐、新浪等门户网站也纷纷加入到"分羹"的队伍中；这种势头还让沃尔玛、家乐福等传统零售业巨头在看到拓展新领域的希望的同时，也感受到了威胁。

所有的这一切，在我们面前呈现出了越来越清晰的网络分销的新天地。为此，那些强者们已经开始通过并购或者自建网络交易平台的方式在网络营销时代占好位，企图让自己成为网络渠道商中的巨无霸。那么，对于广大的市场弱者而言，如何才能在这轮波涛汹涌的新分销运动中有所作为呢？

我给大家这么几点建议：

第一，网络可以是我们的招商渠道、分销渠道，也可以是我们的终端，要抛弃无视、转变漠视，变为主动尝试。

如果你对网络分销感兴趣，很快就能留意到那些专门的电子商务网站。有以阿里巴巴为代表的BtoB（Business to Business，企业对企业）类的网站；以卓越、当当为代表的BtoC（Business to Customer，企业对个人）类网站；以易趣、淘宝为代表的CtoC（Customer to Customer，个人对个人）类网站。

这些网站的兴起，直接催生出了在传统的销售模式下所不可能实现的比价搜索类网站。这是能够提供不同厂商的产品供消费者进行比较的网站，其形式也是多样化的。消费者既可以进行单纯的比价，也可以对产品性能进行比较；不仅有当地的市场信息，还能提供周边或其他大城市的市场信息。

网络渠道的日益成熟告诉我们：一旦企业明确了自己要干什么，就可以选择与自己对口的合作伙伴。

第二，完善销售及销售服务组织。

现在，我们有意拓展新的分销领域，面对的第一个问题就是：网络销售和传统销售是该分开，还是相互融合。

从运作成本上考虑，将网络销售和传统销售进行融合，将地面的销售人员、物流配送体系、售后服务体系等资源进行一定程度的共享，对我们来说可能是更适宜的方式。但是，无论是分开还是融合，都可能牵涉到新岗位、新部门的设立，业务流程及管理体系的完善以及传统销售及销售服务组织的重组。

第三，网络渠道与地面渠道配合，解决配送问题。

我们知道有不少社区的便利店为了抢夺客人，都在开展免费送货上门的服务。未来的某一天，我们很有可能会根据终端距离消费者的远近程度及是否有配送服务的原则来分配订单，实现网络与地面的协同增效。

这意味着在一些传统的经销商经历分、销职能剥离及转型的同时，一些终端商却开始展开增加配送职能的变革。

当然，并不是所有的商品都适合网络销售。比如，我们身上穿的服装、脚下穿的鞋子，它们的颜色、款式、面料等特性，尤其是试穿的必要性，决定了它们更适合在网下开展销售。而对那些试图抛开已经存在的网络渠道资源，意图以一己之力开展网络分销的企业来说，也将会在推广网站、系统集成、联机数据库、订单处理等方面遇到更多的障碍。

■ 建立客户忠诚度的工具

CRM（客户关系管理）在前些年是个非常热门的词语，实现它的基本条件之一就是网络。尽管近一两年，CRM 的热度有所降低，但却有越来越多的企业认识到：网络还是一个帮助建立客户忠诚度的工具。

以《财富》500 强中的强生为例。这家企业借助于网络，开展了丰富多彩的婴儿服务项目，建立了与网民家庭的长期联系，巩固了自己与消费者之间的关系。

强生网站育儿宝典服务提供从孕期到婴儿出生、母婴保健、婴儿产后成长甚至是年轻父母的心理指导等各方面的操作资讯、咨询及辅导服务。强生还参与运作了一个旨在为"全美母亲中心"的妇女展示母爱价值、切磋育儿经验的虚拟社区——"全美国母亲中心协会"，并将它纳入了自己的网站，为母亲们提供周详的服务。

当然，强生网站需要登陆者提供自己与婴儿的基本信息，说明自己与婴儿间的关系。对那些需要喂养指导等信息的顾客，能够获得强生提供的专项信息服务；对于那些来自"反馈"栏的求助与问询，在线服务人员也会给予相应的解答；而对那些想加入"母亲中心"论坛的妇女们，还需要对自己的工作、家庭状况、孩子的取名和趣闻轶事等讨论题做出相应的回答。

很明显，强生在提供服务的同时，客户方的一系列数据也在服务强生。强生可以通过这些信息完善自己的产品开发及服务方案，可以制定更具针对性的公关促销专案。这些，显然又会反过来巩固消费者与自己的关系，提高客户的忠诚度。

对于大多数的中国企业来说，可能并不具备如强生般开展网络营销、建立客户忠诚的资源及能力。但是，我认为至少可以在以下几个方面有所作为。

第一，通过畅通的网络沟通，掌握更多、更真实的信息，并据此采取行动。

在传统的销售模式中，一个终端小店甚至是一个经销商的信息，往往和企业总部之间隔着千山万水般的距离，许多东西都很难真实地反馈上去。而网络将改变这种现状，它可以让企业与终端之间的信息沟通变得更加顺畅，从而帮助企业基于更加真实、清晰的信息反馈，做出更加正确的决策。

与此同时，消费者在使用产品的过程中发现哪些方面有问题，在享受售后服务时受到了什么不公正的待遇等信息，平常是很难让企业总部掌握的。而现在，消费们可以直接通过 E - mail 或登录网站，将这些信息真实地反馈上来。企业基于这些信息开展的营销动作显然更有针对性，有利于巩固客户关系。

第二，善用客户资料。

除了以上所讲之外，客户还可能在网上参与企业的专项调查活动。通过此类途径所获得的市场信息及客户资料，对企业来说作用更大。企业必须安排专人去分析这些信息，制定有针对性的应对方案。也就是说网络的背后，是企业的市场分析人员、营销策划人员、售后服务人员、产品研发人员、危机公关人员……在对接。

第三，基于个性化需求的个性化定制。

多数企业对按需生产的认识并不全面，因为大家将更多的目光投在了订单数量上，而对于个性化的需求却重视不足。同样，多数企业挂在嘴上的个性化定制，也仅仅是个幌子——因为，这里的个性化定制仍然是为消费分众下的大众定制的。而有了网络，前面两个问题都可以得到较好的解决，也就是说，企业产品线及服务线的规划和开发将会越来越精细。

事实上，人们已经在享受这样的产品及服务了。比如，人们在购买电脑时，可以根据自己的需求量身定制CPU、内存等；人们在买车时，可以按照自己喜欢的颜色、内饰等对车辆进行美化，个性化十足。

当然，并不是什么样的产品都可能实现单对单的完全个性化的定制。不过，与成本相适应的、客户细分下的小众化定制，却是完全可以实现的。

后 记

一直在路上

近期，在一个普洱茶商的家里，商讨他的崛起之道。

这个普洱茶商原本是做食品贸易的，不过近年来屡遭挫折——普尔斯玛特的欠款倒闭，做了多年的某大品牌之后却又被这个大品牌踢出了局，以及OEM方式运作自有品牌的失误。这些让他的企业在近一两年中损失了近千万元，实力受到严重削弱。

不过，这没有阻止这家企业继续前进。在中国普洱茶火速蹿热，市场爆炸性扩容当中，这家贸易企业向上游制造业延伸，加入到了进军普洱茶的热潮之中。

但是，经过前几年的折腾，这家企业在普洱茶项目的投资上只能拿出一两百万元的预算。这些预算应该投到什么地方呢？首先当然是选择厂址，也好落地生根。

勐海是全国的普洱茶商去得最多的地方，当地的产区批发市场也比较有优势。但是，勐海的茶厂太多、大企业太多，没有几千万元的投资根本就无法获得当地政府的支持。同时，当地的原料——毛茶也已经涨到了八九十元一公斤，比较贵。

经过调查，该企业发现，随着大家对普洱茶的认识加深，有越来越多的人到普洱市去采购普洱茶，因为这里的原料价格相对还比较低。假如企业也选择到普洱市投资，厂址又该定在什么地方呢？普洱市的澜沧县！这里是当地普洱茶的最主要产地，有什么风吹草动都能及时地掌握，成本相对比较好控制。从投资上来说，尽管自己的投资不多，但也能获得当地政府扶持普洱茶产业所给予的优惠。而且，当地精加工企业很少，自己更易出头，由弱变强的机会更大。

这就是弱者！迫于资源及能力的限制，也为了日后实现崛起，甚至需要从一开始就考虑如何主动创造强弱互换的机会。

我相信，广大中小企业、弱势品牌的朋友们，看到这里，都有一种感同身受的感觉。但是，所有看完本书的朋友，同样还可能感受到，实现强弱互换不仅是靠一个点，不仅是靠专注于某个环节，而是需要我们将营销工作中的一些点、一些环节进行通盘考虑，争取创造出更多的强弱互换的转折点。也就是说，确保我们走向崛起的强弱互换是一个系统，也只有系统作战，才能更好地确保我们实现崛起。

事实上，这个系统的构筑、完善及优化是没有止境的，也许我们能够因为一些暂时的胜利而获得一些休息的机会，但是，我们会一直在路上——哪怕我们最终成为了一个行业的领先者，仍然改变不了这种事实。

其实，已经有许许多多崭露头角的企业，因为强弱互换系统的支撑力及调整问题，而夭折在了崛起的道路上。比如，依赖渠道、价格及简单创新而崛起的中国手机企业，在近年来所集体遭遇的滑铁卢；以产品创新及新产品推出速度著称的爱国者MP3、MP4，近年来面对纽曼等品牌的崛起而有所衰落。

这些，就是我在本书即将结束的时候，所带给大家的一点思考，也希望这些思考能对大家有用。

值本书即将出版之际，我要感谢那些我所工作过的企业以及我所服务过的客户们，正是因为它们，我才有了实践本书理论的机会；我还要感谢本书中所提及的企业，正是因为它们在商战中演绎出的惊心动魄的成功与失败，才让我有了更多研究、解读崛起之道的对象。

　　同时还要感谢《销售与市场》《销售与管理》《成功营销》《新营销》《糖烟酒周刊》《商界名流》等媒体朋友们，以及所有为本书的文字整理、编校、发行、宣传做出贡献的朋友们。